思想觀念的帶動者

文化現象的觀察者

本土經驗的整理者

生命故事的關懷者

Holistic

探索身體，追求智性，呼喊靈性
攀向更高遠的意義與價值
是幸福，是恩典，更是內在心靈的基本需求
企求穿越回歸眞我的旅程

謹以此書獻給我夢中的老師，作為對「洗心島」的感謝

夢是靈魂的使者——

一個榮格心理分析師的夢筆記

作者——申荷永

Dreaming of Xixindao:
the Island for washing of the Heart

CONTENTS

03 尋夢波林根 108

04 我夢中的老師 168

05 三川行之蓮花心 222

【後　記】寓於山中，置木於水 291

【推薦序 一】

洗心‧尋夢的激情

十多年前，那時我們已成朋友，申荷永把我帶去了泰山。當我們步上雲端之際，我感覺到，這東嶽泰山之麓，看上去酷似中國水墨畫中的描繪。頓然，在雲端之上，悠現一輪太陽的光彩和一座寺院，遠遠傳來美妙的誦經聲。當我們循聲走近寺院的時候，始發現這誦經聲由答錄機傳出。我與荷永談起，此與當代中國的象徵性寓意一樣，中華儒家精神聖地的神聖之音也被電子化了。我們也談到文化大革命，那種極力要改變文化歷史進程的極端企圖；我們也能感覺到，傳統文化精神並未消失，只是如何在這「錄音裝置」之外重新找尋到她。我為荷永講述的有關他父親與泰山的夢深深感動，十多年前的夢境恍若眼前，依然栩栩如生，具有生命。這也是我的真實的洗心體驗，我與荷永共同擁有這尋夢的激情。

夢體現著深遠的智慧。如今，除了求夢以占卜未來，我們已很少能發揮這一豐富人類資源的作用。實際上，對於占卜和預測，夢像我們清醒的心智一樣束手無策。用夢去預言未來，要比對股市的準確預測更加困難。

那麼，為什麼還要如此執著於夢呢？申荷永教授為我們做出了解讀。他在其《夢是靈魂的使者：一個榮格心理分析師的夢筆記》中告訴我們，他的尋夢激情如何改變了他的生活，引導著他將其夢中的收穫帶入現實，帶進當今中國的社會。若不是由於他的夢想，許多四川震區受難的孩子將難以獲得心理復原的機會；由於他的夢想，許多孤兒院的孩子也擁有了「心靈花園」的滋養。從二〇〇七年開始，申荷永帶領他的團隊在中國大陸的孤兒院，以及四川震區和玉樹震區，建起了二十三個心靈花園以幫助孤兒的心理成長，為災區受難者提供心理援助，在三年中建立起一百個心靈花園正是他的夢想。我為他對夢之治癒意象的發揮和實踐，為他所做出的一切努力而深深感動，心存感激。

中華精神已有千萬年之久，歷久彌新，遠於當代中國社會形式而存有。這種精神在普通人的夢中延續著，這些普通人和他們的夢具有無限的價值。

西方心靈的偉大先驅之一卡爾·榮格發現，意象的世界與物質世界一樣真實，只是截然不同。這一世界將其自身作為物質形式呈現於夢者確信的眼睛，使得夢者確信自己的清醒。由於物質的世界，人們便不能正確對待夢中表現的物質性。於是，許多光怪陸離的戲劇不時在夢中展開。

探尋這一真實意象世界的規律，以及與其中的心智重建聯結，自從一九〇〇年佛洛伊德出版其巨著《夢的解析》便已成為科學。從此之後佛洛伊德的技藝——精神分析也已傳遍了世界。但是，意象的科學依然固守於其原發的狀態。

一種維也納或瑞士的夢之意象探索，只能是部分地適合中國，並且還不能保證這部分的適合是否適當。中國需要發展自己的當代意象科學，發展自己對於中國之夢中心智的特殊理解。

隨著神經系統科學的到來，夢的價值以及其臨床的作用已經重新成為關注的重要領域。現在我們已經瞭解了做夢的大腦機制。但是，夢並非僅僅是大腦的活動。夢中的世界聚集著我們整個生命的歷程以及我們的存在。最近的研究顯示，我們每天夜裡至少做夢三個小時以上，累計起來幾近於我們生命的八分之一，超過十年。夢中的世界充滿寶藏和智慧的結晶，猶如心靈的金礦。

唯物主義與夢也已不再對立。我們現在知道，精神總是有待體現，這種精神體現對於人類的意義直接影響著我們的健康。科學一再證明了這一不爭的事實。我們正處於這樣一個新的時代，物質和精神都屬於一種延伸體現的持續性過程。對於這新的世界，那些將他們的世界觀遺留給我們的古代人全然不知，由物質包裹的當代精神的電子化聲音，也應能夠學習新的唱誦，包含與傳達其新的意義。未來便是現在。

申荷永先生引領中國心理分析之道，我們都能從其努力中獲益，也為此心存感激。

羅伯特．波史奈克（Robert Bosnak）
國際意象體現學會創辦會長
國際夢之研究學會前任主席
於美國加州聖塔芭芭拉
二〇一〇年六月

【推薦序二】

夢中的源泉與教化

如同教師渴望能有實際的機會教導與提升學生，作為心理諮詢師通常選擇了要為那些眾多仍未獲得教育資源的少數人服務，希望其熱忱、耐心和關懷，能夠促進對這些人內在需要的理解，引導其生活。但人們天生就有許多種可能性，即使其成長並非由於諮詢師如此辛苦努力所造就的，也要放掉這類執著，順其自然發展。

但有時，作為心理醫生，命中註定就是要擴展療癒的範圍與層面，讓更多人能受益深遠。《夢是靈魂的使者》的作者——申荷永教授，正在做這樣的貢獻。他正值五十週歲，是目前中國心理分析的引領者，他在此書中所呈現的廣博，如同他所具有的深度。猶如中國的一條大河，他與心靈的溝通和聯結，為許多人提供了一種途徑，使他們的生活也能從善如流，若是他們願意關注、傾聽此書中的要旨。

像許多中國的傳說一樣，他的導師是一位前輩，這位前輩的教誨並沒有被遺忘，反而歷久彌新。這位前輩就是偉大的瑞士心靈分析師卡爾·榮格。在其前輩教誨的基礎上，申荷永教授推陳出新，闡發己見。他知道，當我們的生活與心靈失去了聯繫，心靈若不能賦予我們生活意義的時候，從夢中獲取原動力將會是何等的重要。

在其《夢是靈魂的使者：一個榮格心理分析師的夢筆記》中，申荷永博士挑戰了人們關於夢的傳統觀念，夢不是用來算命的藉口，夢也並非僅僅是失調的徵兆。在申博士看來，夢並不只是我們弱勢心理功能的反應，儘管這些弱勢功能很容易受到如此陰影的誘惑。佛洛伊德不是曾經告訴我們，夢只是欲望的偽裝嗎？作為中國人不是常常被告知，以不現實的渴望來建築自我之塔是很危險的嗎？申博士對此有著不同的見解，夢並非來自不安靈魂的虛空，而是心靈的充實。「鳴鶴在陰，其子和之，我有好爵，吾與爾共彌之。[1]」申荷永的《夢是靈魂的使者：一個榮格心理分析師的夢筆記》，猶如流溢的生活之泉，可以其覺悟、智慧及時有的謹慎，灌溉所有人的心田。他理解，所有意識性進步的努力，都必然具有更為深層的背景，這使得他身體力行，實踐自己的信念和理想，並沒有太多的心理學家能夠如他這般執著篤行。但是，這同樣使得他保持謙卑。他知道，即使是擁有大其心的胸懷，仍然需要被指示，而這種指

1 約翰・畢比此處用的是《易經》中的「中孚」之「九二」。「中孚」被翻譯成英文的時候，用的是「內在真理」或「內在真實」（Inner Truth）。

示也包括了早晨起來記下自己夢的儀式。這便是申荷永教授的《夢是靈魂的使者：一個榮格心理分析師的夢筆記》，他夢中的源泉，夢中的教化。

申荷永教授謙遜地約我來寫序言，這是我的榮幸。任何人，任何能夠感受心靈通過夢向其傳達消息的人，都將高興聆聽申教授將我們生活中的夢與心靈做如此生動的敘說。他完成了一部不會讓你發狂，但會使人明智的著作。我將其推薦給中文讀者，你們也定將會使其傳向西方。

約翰．畢比（John Beebe）
美國榮格心理分析師
美國舊金山榮格學院前任院長
《榮格雜誌》期刊創辦人

【推薦序 三】

自性化是世上最重要的一件事

我跟申荷永教授認識，是透過王浩威醫師的介紹。許多年後，申荷永教授告訴我，當時我們在洛杉磯初見面，我問候他的第一句話不是「吃飽沒？」，而是「你要發展以中國文化為基礎的心理學？我們一起來做！」

這件事我早已忘了，但他卻清楚記在心頭。人的心靈真的很有趣，我們記憶中的第一個夢、與人相見的第一句話，往往都富含特殊的意義。

《夢是靈魂的使者：一個榮格心理分析師的夢筆記》是一本滿有意思的書，申荷永以他的五個夢，來串穿他追尋自性化的旅程。夢是屬於個人的，他願意大方分享出來，確實難能可貴。

今年（二〇一一）五月，我應申荷永之邀，到成都參加汶川地震三週年紀念研討會，看到他所帶領的心靈花園工作團隊，讓我非常感動。申荷永把心靈花園當作天命，是上天給他的召喚。傾聽召喚就是個體化、自性化的過程，從他身上，我看到了自性化的真正意義。

我的感動主要有三個方面。第一，心靈花園的四五百位志工，持續三年，在災區進行心靈重建的服務，沒有薪水，完全義務性質，光是這份持續的精神就很讓人敬佩。

第二，榮格心理分析是非常抽象、複雜的理論，申荷永卻將它轉化為簡單又實用的沙盤，用來幫助孩子療癒，這實在太神奇了。從紀錄影片中，我們可以看見孩子轉變的過程。當志工老師第一次拿著沙盤來到孩子面前，孩子完全面無表情，第二次、第三次，還是不做，志工們並不強求，只是靜靜等待，允許孩子的心靈慢慢動起來。有一天，當孩子終於願意動手去拿各種木刻小偶，排出一幅天使的圖像，孩子終於笑了。

沙盤不但沒有威脅性、不具侵入性，而且很具體、容易操作，志工們只要有心理學或輔導學基礎，經過三、四個月、一百零八個小時的訓練，就可以上陣。汶川地區有八家孤兒院，心靈花園的成功經驗，可以推廣到更多窮鄉僻壤，現在已經有將近一百個育幼院在運用沙盤療法。這種連結真的太棒了！

第三，申荷永的太太高嵐很有執行力，災區交通不便，她便透過雲端技術，為分散各地的志工們定期進行督導訓練。他們只用很少的錢、加上科技方法，完全沒有政府補助，默默地就把成果推展出來。

這一點最讓我佩服。他們不是大規模的介入，而是用很小的規模、很少的錢、很簡單的沙盤，持續的、緩慢的、透過人和人的細膩互動，將榮格理論具體實踐。這完全符合道家的理念，上善若水，水善利萬物而不爭，這才是真正的善行。

最近幾年，我一直在思考自性化和企業發展的關係，尤其金融海嘯之後，讓我們看到一個雷曼兄弟居然可以傷害全球那麼多人，企業界確實需要深刻的反省。但我也曾經困惑，以為追尋自性化的過程是自私的，光是分析夢就分析那麼久，好像在獨善其身，好像心理分析只能為有錢人服務。但人活著不是要菩薩行、要為別人服務嗎？

透過申荷永，我終於明白，自性化不是獨善其身，而是對自我心靈下功夫，從自身的覺察做起，深入個人潛意識，然後，這份覺知自然會散發出去，跟人類的共同潛意識產生連結。就像申荷永的自性化旅程，無形中影響到我，也影響了心靈花園的志工群，透過這種看似小規模、小眾的、深刻的連結，或許整個中國、整個華人世界、甚至整體人類的心靈都將得到深化。

中荷永這本好書，讓讀者看見，夢確實是有意義的，它不只是靈魂的使者，也是我們最誠實的好朋友，可以引導每個人活出自己，發揮天賦和潛能。所以，我現在很認真在做夢、記夢、傾聽夢，因為我確信，個人的自性化發展，是世上最重要的一件事。

張明正

趨勢科技董事長

若水國際創辦人

【引言】

洗心島之夢與夢中的洗心島

在廣州北郊龍洞鳳凰山的幽深處，有寧靜怡人的天麓湖。天麓湖匯聚自然山泉，隨心所欲形成了一個自然的湖心島，那就是我夢寐以求的洗心島……

十多年前，一九九四年的春天，一次偶然的機會，我來到了廣州北郊的天麓湖。當時的我，只知道有附近的龍洞和鳳凰山，並不知道有這幽然燕處的別樣洞天，我夢中的洗心島。

仍然記得，那是一次雨後，漫步在天麓湖的竹林小道上，格外的清新逸致，心中的意象依稀如夢……十年後的某一天，二〇〇四年的秋季，那也是我幾度漂泊於異國他鄉的十年後，再次漫步來到這天麓湖，似乎是聽到了她遙遠的呼喚，想尋回那一份不能忘懷的心影。

已是十年的經歷，如今不期而遇。

走過兩棵百年老榕樹，它們一左一右守護在林中小道的兩旁；繁茂的枝葉相互攀緣，猶如天然的門戶；凸起的樹根像是門檻，垂下的樹鬚酷似門簾……由此穿越一條長滿茂密花草的彎曲小橋，便來到了洗心島的大門。

大門的左邊，盛開著橘紅色的扶桑花；大門的右邊又是數棵百年老樹；前面是一處清靜簡樸的院落……恍惚之中，我已身處我夢中老師所住的地方。

這裡是天麓湖的湖心島，龍洞的幽深處，鳳凰山的養息地。

「洗心島」之名源自《易經》。當初來到這裡的時候，一些友人相聚，約我講《易》。子曰：「絜靜精微，易教也。」《易經．繫辭》中有「聖人以此洗心，退藏於密，吉凶與民同患，神以知來，知以藏往」的垂示。於是，先哲的教誨聲聲入耳，洗心之意境頓然而生。我也隨手撰寫了一副對聯：「絜靜精微以洗心，退藏於密以感應。」

《易》之洗心與絜靜精微，易之能研諸慮、能說諸心，正是我當初為之傾心的緣故。即使單從字面，也不難看出其中所包含的心理學意義。

《易經》的心理包含著至精至神的道理，始終是我們心理分析與中國文化的綱要。

「是以君子將有為也，將有行也，問焉而以言，其受命也如嚮，無有遠近幽深，遂知來物，非天下之至精，其孰能與於此。」（《易經．繫辭》）

易學家劉大鈞先生曾反覆啟迪我「易之無心之感」，並為我們洗心島的對聯「絜靜精微以洗心，退藏於密以感應」改為「絜靜精微以洗心，退藏於密以咸脢」。我深知其意，時隔十年，也終於能夠感受那「無心之感」的意境。

讀易見天心。「易無思也，無為也，寂然不動，感而遂通天下之故，非天下之至神，其孰能與於此。」（《易經．繫辭》）

於是，在這至精與至神的基礎上，頓顯聖人「極深而研幾」的功夫。易與心通。「夫《易》，聖人之所以極深而研幾也。唯深也，故能通天下之志，唯幾也，故能成天下之務，唯神也，故不疾而速，不行而至。」（《易經．繫辭》）

於是，我們也就有了以中國文化為基礎的心理分析基本原理：絜靜精微，極深而研幾；探賾索隱，鉤深致遠。

漢字的「島」中本來有「鳥」的意象，其中已觸及我與洗心島的因緣。引我來洗心島的，本來是與「鳥」和「島」有關的夢境。

據說，鳥是太陽的信使。在洗心島，清晨常常是被鳥兒的叫聲喚醒的。我一向早起工作，書桌面對的，正是太陽升起的地方。每當太陽升起，我也總是想起我夢中的老師。

洗心島的湖澤上，常可看到清純的翠鳥，喃喃傾情的燕子。

夜深人靜的時候，洗心島也顯得格外的安寧。在這裡，你是可以數星星的。於此，你可以感受哲人們所說的璨若星辰與內在秩序。

在太陽升起的地方，也會看到清澈皎潔的月亮。

月光下的洗心島，常有青蛙的身影，記得我曾告訴人們，這裡的青蛙是可以爬樹的。也會有習習的丁香，醉人的桂花飄逸，還有沁溢的梔子花香，托起太陽的扶桑。

以下是我日記中的洗心島片段：

……中秋過後的一個夜晚，與友人散步在洗心島。秋高氣爽，靜夜怡人；「靜則明」，這正是洗心島的本色。

我們慢慢地走著……恍然被身邊一處動人的景致留住了腳步，只見山谷裡湖水蕩漾，氤氳交融，輝映出燦爛的星空，流溢著夜色的美麗；天地亦然那樣的深遠，但又如此的親近……螢火蟲四處飛舞著，搖曳點綴出特有的畫面；偶爾有飄起的樹葉，飄舞在這樣一片夜空，散發出某種別樣的氣息，引得那夜宿的鳥兒也呢喃低語，匯聚成我們內心的感觸……

這便是如詩如夢的洗心島，心靈的充實與滋養也由此而生……

我喜歡早起工作。洗心島的早晨總是氤氳交融，靈毓天然。晨曦中也有夢魂的縈繞，借山澤之氣傳達一種心靈的呼吸，送來那遠之千古的消息。這裡也是我夢中老師住的地方，在洗心島的每一刻，也是在聆聽我老師的教誨。

「占夢掌其歲時，觀天地之會，辨陰陽之氣，以日月星辰占六夢之吉凶。」（《周禮．春宮．占夢》）其中所包含的也正是夢的本來意義，以及我們對夢所應有的態度。誠如莊子所說：「且有大覺而後知此其大夢也。」由蝴蝶入夢，演繹出「物化」的道理，完成「齊物」的論述，同時也完成了心性的轉化和超越，這正是莊子的啟迪和教導。

對我來說，中國文化是我們心理分析的基礎，也是我夢中的滋養。我相信「夢」者「意」也。漢字之「意」從心從音，包含生動的心音意象，正所謂從心察言而知意，意不可見而象，因言以會意。這「意」與「意念」有關，由此可發揮佛洛伊德的「自由聯想」（free association）；「意」也與「意象」有關，正可用榮格的「積極想像」（active imagination）。但是，這裡的「意」，與「易」通，需要「易道」之極深而研幾；這裡的「意」，與「醫」會，所包含的也正是「醫理」中上醫之治癒的功夫。至此，我依然遵循莊子的思想，得意而忘言，得意而忘象；所追求的也正是夢中的意義，夢之生活的意義，夢之療癒和心靈的價值。

我從一九八二年開始記錄自己的夢，這為我後來的精神分析研究打下了基礎，也正是我的夢將我帶入了心理學。還記得研究生時期有好心的朋友勸我不要太沉迷於夢境，我曾用歌德《浮士德》中的話作答：「我一無所有但萬事俱足，我向夢境追尋也向現實邁進。」十年後我獲得博士學位，也從夢的體驗中進入了個人的心理分析；此時的夢，對我來說，已逐漸轉化為生活的內容。再過十年，我已獲得國際分析心理學會（IAAP）和國際沙盤遊戲治療學會（ISST）心理分析師的資格，而我的夢，則一直伴隨著我，並且逐漸轉化為生活的意義。

有了心理分析與中國文化的基礎，有了洗心島，我始能有機會打開塵封已久的夢的日記，再度進入那伴隨我心理分析歷程的夢中世界。

或許，心理分析的意義，也正體現於此。我的夢，也在實現其自身。

有了我的夢，也就有了洗心島；有了洗心島，我的夢始展現其意義。洗心島，既是真實的存在，也是我夢中的意象。寓於山中，置木於水，緣樸率性，不求文以待形；這便是我夢中的洗心島，以及我的洗心島之夢。

01 夢在泰山

一九八八年，我隨高覺敷先生攻讀心理學博士研究生的第三年，父親去世之前的兩個夢，深深地影響了我，改變了我以後的生活，加深了我對心理學的理解，逐漸成為我以後心理分析的契機。

那是在南京師範大學的學生第九宿舍，當時南師興建的第一棟研究生樓。我住在九舍頂樓靠西的套間。這棟宿舍樓建在山坡上，有九層之高，幾乎是當時學生宿舍中最高的建築。在陽臺上，可以俯瞰清涼山，遙望遠方的天際。

每日清晨，我總是早起跑步的，常常是繞清涼山一周。

這清涼山又名石頭山和石首山。晉代吳勃所著《吳錄》中有這樣的記載：「劉備曾使諸葛亮至京，因睹秣陵山阜，歎曰：『鐘山龍蟠，石頭虎踞，此帝王之宅也。』」龍蟠虎踞由此而來，南京文氣凝聚於此。

從清涼山的後門進入，首先經過的正是諸葛亮當年的駐馬坡。

每天黃昏時分，我總是會坐在陽臺上，守望這緩緩隱去的夕陽，感受籠罩在夕陽下的清涼山。

泰山上的夢

一九八八年九月十一至十二日的夜裡，我做了這樣一個夢：

在泰山頂上的屋子裡，像是教室，有校長等人在講壇上講話，隨後便安排由我來發言。這時，我從「教室」的後門出去了一下，想做一下深呼吸，以免講話時太緊張。

這時，我看到了「天景奇觀」。整個天空似乎是一個巨大的壁畫，五彩繽紛。我忘神地看了一會。有幾個同學過來，但卻說什麼也看不

南京清涼山駐馬坡

到。我用手指著一個畫面，說是「春燕戲春」，並解釋說，「你看下面有那麼多燕子，還有喜鵲，都站在一棵『松樹』上。」這時，我的目光轉向東南面的山間，看到兩個人在那裡行走，我目光跟著他們。他們走到那「松樹」，泰山特有的「迎客松」的前面停了下來（正是天空壁畫出現的山谷），後面的人爬上前面的人身上，開始搖晃那「松樹」。眼看著「松樹」被搖晃得枯萎了，把燕子和喜鵲也都搖飛了（其中一個人從松樹上掉了下來）。我心裡頓時感到很難受。這時，整個天空的圖畫都已消失（教室裡的活動也結束了）。

早晨起來，這是一九八八年九月十二日的清晨，第一時間記下了這夜裡的夢境。感覺仍然是沉重的，一種內心深處的憂傷。

整個上午，自己都在試圖去理解這夢中的含義。但仍然百思不得其解。於是，我隨手寫了封信給上海師範大學的周冠生老師，向他講述了我的夢。周老師曾出版《夢之謎探索》。他也曾被高覺敷老師邀請來南京師範大學為我們研究生講授「人格心理學」。我們兩人常常去清涼山散步，多了許多彼此瞭解的機會。

他在其《夢之謎探索》出版的時候，還在前言中特意提到，書中的內容有我們兩人在清涼山散步時的對話與交流。

當天晚上，一九八八年九月十二至十三日的夜裡，我又做了這樣一個夢：

夢中我回到家裡。只有爸爸和媽媽在家，似乎是要過年。我讓爸爸媽媽休息，說自己來幹活，開始打掃。院子裡堆放著很多的木料，我整理的時候，右腳被釘子扎了一下，血流不止。夢中的我蹲下身來，用手捂住傷口，擔心自己這樣流很多血會死去的。

後來外出碰到熟悉的同伴，和他們一起在玩。但腳上的傷口仍然在流血，流了好多的血（我的腳上本來就有一個傷疤，那是我文化大革命的創傷之一，也正是夢中的傷口和流血的地方）。

再後來碰到媽媽學校的人，對我說：「你快回家吧，你媽都快急瘋了。」

我趕緊回家。回家的路上，腳又開始流血。

回到家，實際上是進去一棟大樓，很長的走道，兩邊都是門。看到媽媽坐在右手邊的一個門口（從夢中往外看的話），坐在一個很高的椅子上。形色抑鬱，面容憔悴。媽媽說我：「吃飯也不知道回家，都等著你呢。」

我進去房間，是一間不大的房子，像是旅館，裡面只有一張空床，一個沙發。

在我記錄這夢的時候，心情仍然被夢中的氣氛所籠罩著。

一九八八年九月十三日是星期二，天上烏雲密布，亦陰亦雨。

我沒有出去跑步，心中充滿惆悵，望著所記錄的夢境在那裡發呆，任由那夢中的憂傷遍布我的全部身心。

突然，電話鈴響了。

這是隔壁研究生會的電話，在我的房間有一個分機，主要是用它打出去，平時我是不接的。但那天我卻本能地拿起了話機。

電話是教育系辦公室打來的，說有一份我的緊急電報：「父病危，速回。」

父親去世

我撩起一件外衣，順手拿了一本《甘地傳》，便趕往南京火車站。

搭乘十多個小時的火車，在山東兗州站轉乘長途汽車……到達菏澤東關汽車站的時候已是深夜。

我雇了一輛腳踏車，讓他送我到菏澤西關的清真寺附近。大概是十元左右的車費，我隨手掏出三十元給他。心裡一直想著，或許，這只是一場誤會，父親的情況不應該是病危。

走進深深的院子，我們家的大門是敞開著的。這是深夜三點鐘左右。我知道，父親的病情真的是危機。

屋裡有一位老家來的親戚，她告訴我，媽媽他們都在醫院呢。

於是，我急忙趕往菏澤地區的西關醫院。

走進醫院急診室的大樓，穿過長長的走廊，轉身進入急診室。父親躺在病床上，媽媽和姐姐、妹妹還有大哥，在守護著父親……此情此景，以及此情景中的氣氛，幾乎就是我夢中的場景……頓時充滿一種被震撼的感覺。

望著已是深度昏迷的父親，想到我夢中血流不止的情景，我站在那裡，想用我的全部心力，來為病危的父親做點什麼。

父親是突發性的腦溢血。一九八八年九月十二日，為了應付來訪的客人，一直忙碌到下午一點多鐘。父親感到疲憊，但仍然吃了點午飯。吃飯的時候，媽媽看父親的筷子掉下了兩次，似乎是預感到什麼，想帶父親去醫院。但父親說沒什麼，只是感到有些累，或許睡一下就好了。但也就是下午三點左右，媽媽看情況並沒好轉，便找人將父親送去醫院。

進了醫院的急診病房，父親已是處於突發的深度昏迷狀態。

父親的名諱是單一「松」字。他自幼從軍，轉戰南北，多次身負重傷，九死一生；退役轉地方的時候屬於甲級殘廢軍人，腦中有許多彈片，聲帶已被打斷，不能說話。但憑著內在的生命力，他的身體逐漸恢復，說話也無大礙，突顯生命的奇蹟。父親喜歡讀書，喜歡寫作。即使是在硝煙彌漫的戰場，他也曾撰寫許多詩歌用來鼓舞士氣。後來，他也曾把戰爭年代積累的詩作發表，選用了「青松」作為筆名。

為了安慰母親，我說了我做的那兩個夢。

我媽媽是相信夢的，而此時此刻，似乎也只有這真實的夢境，能為母親帶來幾許安慰。夢，也往往被媽媽視為命中註定的預兆。

既然是命中的註定，我們也就要來面對；不管是何等的痛苦，何等的悲傷，即使是天塌地陷。

我們家的人，一聽也就知道這夢中的可能寓意：夢中泰山上青青的迎客松，在人為的搖晃下枯萎的松樹，顯然與我父親有關。

父親已不能言語，深度昏迷。媽媽和我們兄妹五人，一起在守護著父親。媽媽問我一些夢的細節。她對夢一向十分敏感，當我講述夢的時候，她總是若有所思。

當我的第一個夢出現的時候，一九八八年九月十一至十二日的夜裡，父親仍然是好好的。而夢中已經發生了「松樹」被搖晃枯萎的情景。

做第二個夢的時候，一九八八年九月十二至十三日的夜裡，父親已是由於突發的腦溢血被送進了醫院，但我尚不知曉。儘管媽媽在十二日下午五時左右已讓人給我們在外的兄妹分別發出了緊急電報，但我是在十三日的上午才得知消息。而在十二日夜裡的夢中，我自己血流不止，踩著流血的腳印回到家中。

於是，既然我預先夢到了父親所要遭遇的危難，那麼，我就不能為即將面臨危難的父親做點什麼嗎？

這是我直到如今的追問和思索。

父親在第三日的淩晨時分過世。

他去世那天的清早，我曾獨自去到我們老家菏澤西關的城牆，面向東方，任由悲傷籠罩，默默虔心祈禱……隨即有一輪初升的朝陽冉冉升起，帶著一種特殊的氣氛和感覺，直接照入了我的內心深處。那是一種難以言說而刻骨銘心的感受。

姐姐和妹妹陪著母親，大哥負責料理喪事，我和二哥一直陪伴著父親的遺體。三天三夜，我總是握著父親的手。而父親的手，也一直溫暖依舊。

我們家的親戚朋友，當地政府機關，一起為父親舉辦了追悼會。追悼會的主要輓聯是媽媽和我們兄妹五人寫就的：

龍年來龍年去亦悲亦喜

生無愧死無憾何哀之有

父親生於一九二八年六月，屬龍。一九八八年九月去世，亦然是龍年。

追悼會後，我和我二哥菏亮留守在殯儀館，等著將父親的骨灰帶回。當殯儀館開始火化，煙囪冒出濃煙的時候，我哥哥驚奇地讓我看，竟然飛來了許許多多的燕子。然後，哥哥提醒我說，在你的夢中當那松樹被搖晃而死去的時候，不是飛起了好多的燕子嗎？

此時，只見燕子越來越多，密密麻麻，幾乎籠罩起整個的天空。

我沒有說什麼，只是在默默地感受著那種難以述說的感覺。

這些燕子，或許正是我夢中「泰山松樹」的精靈或守護者。

我知道，我也從小喜歡燕子。小時候，我們家本來是臨院教堂建築的一部分，一棟別具一格的歐式樓房和院落。記憶中總是很大的花園，被父親種上了玉米、生薑和向日葵。我們屋前的走廊上，有燕子銜泥築成的窩，燕子的呢喃話語幾乎也就是我童年搖籃曲的音符，伴隨我長大。

夢中的吻

父親去世之後的三個月中，我每天都夢到他。

許多都是父親復活的夢，他像往常一樣，仍然活在我的夢中。

學期結束、寒假開始的時候，我回去老家，這也是父親去世之後的第一個年關。我們兄弟三人和姐姐、妹妹都回來陪伴媽媽。

一九八九年一月十九日，我再次夢到父親。

這是北方的冬天，我獨自一人住在一個獨立的房間。

恍惚之間，似夢似醒，房門輕輕地開了一個縫隙，父親的魂魄，帶著只有魂魄才有的氣氛和感覺，飄然進來屋裡……我想起身但不能，父親來到我的床邊坐下，我能清晰真實地感覺到父親靠在我身上的輕微的重量。

我急切地想問父親，是否有什麼事情，是否有需要我辦的事情。

但父親只是默默地望著我，帶著他的安然和慈祥。

我能感覺到我的急切，急著想對父親說什麼。父親則用手輕輕地安撫我，一個讓我躺著不要急著起來的表示。然後，父親默默地望著我許久，用其目光在傳遞和述說……然後，父親俯下身來，在我的額頭上留下了一個親吻。

這是我記憶中父親的唯一親吻，其中也包含了告別，從那之後，父親便很少再入我夢中。

早晨起來，我用「夢中的吻」，記下了當天的日記，其中有這樣的敘述：

……夢中，父親深情地望著我，那眼睛無聲地透出一番話語：讓我吻你一下吧，以補那沒有吻的過去。

父親吻了吻我的額頭，這是我記憶中父親第一次吻我，儘管是在夢中。這夢中的吻似乎是一種道別，父親已離我們而遠行。

我不知是否人人都有著那種深沉的父子情懷……我理解的父子情是我父親用他最後的生命傳達給我的……一天傍晚，在老家菏澤的院子裡，我們偶然開始了一番長談，一番關於我的未來與生活選擇的談話。我始發現，我始感悟，他原來是這樣的理解我……我們是父子，有著一種除此之外絕無僅有的父子情懷。

這父子情，或許是淡然的，或許常常還屬沉默，可是它的出現，卻是有了三十年的積蘊，它是絕無替代的。

那是我一九八八年暑假的最後幾天，我真想多留些時間在父親身邊，真想怎麼也應該早就開始這種與父親的深談。然而我要走了。那一天，他送我到門外，我們平時是不握手的，正如從來也未曾有親吻；但是，他似乎是無意間抬了一下手臂，正碰到我剛要放下去的手。

那只是偶然的輕輕接觸，卻深深地觸動了我的心靈。我望著他，想說點什麼，可是並沒有說出。只是用眼神表達了一種我也說不清的感受，一種深深的父子情懷。

這種「父子深情」，也是我後來思考中國文化中父親心理學的基礎。我的朋友魯伊基．肇嘉（Luigi Zoja）[1]完成了《父性：歷史、心理與文化的視野》一書，我也曾為他著作的中文版撰寫序言，與他一起探索父親意象在中國文化中的意義。

傷痕猶在，依稀如夢

父親去世後，我把我兒子斯普接到南京，讓他也住在我的學生宿舍裡。媽媽不久趕來南京，和我們住在一起。

儘管那是我們生活中十分艱難的一段時期，但也讓我們有了相依為命的經歷。媽媽是信命的，不管是平時的生活，還是生死大事。對命運的信任，使得她豁然達觀，心靜自若。

對我來說，這一九八九年在我的生命中刻下了永遠不能抹去的沉痛記憶。其間，我曾做過這樣一個夢：

夢中，我經過孔子的墓地。夢中的我是向北走，孔子的墓地就在右手的路邊，但已是荒蕪不堪，十分的淒涼……夢中的我看到那情景很是傷心，一種想哭的感覺，想努力為此做點什麼。於是，我就把我自己當作屍體，扔去了孔子墓地的前面。心想，

曲阜孔子墓

就讓我作一點肥料，化作泥土，來養護這孔子的墓地吧。

或許，這夢也是我的文革記憶的延續。在那「史無前例的文化大革命」期間，孔子的墓地幾乎被鏟平，孔府、孔廟、孔林中的一千多塊石碑被毀，二千多座墳墓被盜掘，五千多株古松柏被砍伐。毫無疑問，那是不可饒恕的罪過，那是中國文化的沉重創傷。

我曾用「傷痕猶在，依稀如夢」為題，在「洗心島的部落格」中寫了一篇文章，其中記錄的是我的一個真實夢境。

[1] 魯伊基．肇嘉（Luigi Zoja），義大利榮格心理分析師，曾任IAAP主席。

傷痕猶在，依稀如夢*

前不久，曾和友人一起去參觀國內首座「文化大革命博物館」。其中有兩位來自義大利的朋友，魯伊基和伊娃．帕蒂絲[2]，專業的心理分析師。在他們看來，這「文化大革命」已不僅僅是中國人自己的事情，對於心理學或心理分析來說，透過這場「史無前例」的災難，我們需要反思的還有很多，比如，對於人類本性的認識和理解。

一路上是我開車過去的，魯伊基坐在我旁邊。話題觸及到我的一個夢，一個很久以前的夢。

夢中，我在一個山坳的營地，有兩個人從山裡走來，高高的個子，樸素的穿著……我認出其中一位便是「毛主席」（這是我唯一的一次夢中見到毛澤東）。

夢中的毛主席顯得疲憊，似乎是走了很遠的路，說他們很餓，問我是否有吃的。於是我便趕忙招呼炊事員，但炊事員偏偏不在營地。於是，我便招呼幾位戰士和我一起去廚房幫毛主席做飯，但偏偏又沒有廚房的鑰匙。我讓一位瘦小的戰士從門上的窗子跳了進去，打開廚房的門，我們在那裡為毛主席做了飯。

毛主席吃完飯後，很滿意地對我說：你有什麼需要嗎？（夢中給我的感覺，需要什麼就可以提什麼，不管什麼需要似乎都能從他那裡得到滿足。）

夢中的我怯怯地問，那我能提一個問題嗎？

毛主席不以為然地說，什麼問題，你說吧。

於是我問：您為什麼要發動文化大革命呢？

……

這是一個目前只有疑問而尚未有答案的夢（或許是因為夢還在繼續……），但同時，這夢中的問題卻一直苦苦思索……後來在北京大學的一次演講中，被問到我自己是如何開始心理分析的，我說我的心理分析是由某種創傷體驗觸發的。回想起那創傷（那是真實的傷痛，文革開始我還年幼時由於文革所受的傷，有頭上和腳上的傷疤為證），卻正是文化大革命留給我的記憶和傷痕。

魯伊基從其「父性心理分析」的角度，展開了對中國文化大革命的研究。他知道我父親也曾在文化大革命中備受磨難，忍辱負重，幾度生死一線，於是十分關切這種父輩的創傷是否仍然在我們後代人身上延續。於是他曾經問我：「那時幼小的你，看

*詳見「洗心島的部落格」：http://blog.sina.com.cn/u/1265211792

[2] 伊娃・帕蒂絲（Eva Pattis），義大利榮格心理分析師，沙盤遊戲治療師，《沙盤遊戲治療：前沿與進展》作者。

到所發生的事情，會害怕嗎？」我回答說，那時的我或許是由於年齡尚小還不知道害怕，但是文化大革命那種人為製造的恐懼籠罩著整個社會，影響著整整一代人。或許，我們這代人，以及隨後幾代人，都仍然深受其影響，仍然需要為這心靈深處的創傷付出代價。不過，或許這也是我們作為心理分析師存在的理由，治癒心靈深處的創傷，其中正包含著我們心理分析與中國文化的使命所在。

經歷中的心理分析

一九九三年，我第一次遠渡重洋，作為高級訪問學者在美國南伊利諾大學（Southern Illinois University）進修。其間在南伊利諾愛德華鎮附近的森林中，進行了數月的自我分析。和父親去世有關的一些夢，也正是我自我分析的重要內容。也是在那個時候，與國際分析心理學會（IAAP）主席的湯瑪士．克許（Thomas Kirsch）和秘書長默瑞．斯丹（Murray Stein）有了接觸。一九九四年我邀請與安排了湯瑪士和默瑞等一行五人代表國際分析心理學會對中國的正式訪問，我自己也逐漸開始了心理分析的專業研習。一九九五年，我第一次去到瑞士蘇黎世，隨後不久也就開始了蘇黎世榮格心理分析學院的專業訓練。

一九九五年九月，我媽媽去世。她得知自己病重之時，提出了作為安樂死的三個理由：一、她作為領導不想讓單位為其個人的治療花費太多；二、不想讓孩子們為在醫院陪伴她耽誤太多的工作；三、不想讓孩子們看到她身患重病被折磨的樣子，而是想留下她本來的模樣。

儘管家裡沒有人會同意她安樂死，她也曾積極地配合治療。但當死亡來臨的時候，她知道並且已經做好了準備。

媽媽留下遺囑，希望能夠葬在泰山之麓。她有著自己的信仰，信奉泰山老奶奶。

泰山老奶奶，也是東嶽泰山的女神，又稱碧霞元君。

媽媽去世的三年後，也正是父親去世的十年，我們兄妹把父母葬在了泰山東麓的永久墓地。

一九九六至二〇〇〇年，我繼續輾轉瑞士和美國之間，積累與充實著自己心理分析的專業歷練。而我的夢，包括與父親有關的夢，依然是我個人心理分析的重點。

期間，曾有一天與時任美國舊金山榮格學院院長的約翰·畢比[3]在一個中餐館吃飯。我們相互交流心理分析的體驗。他曾與喬·漢德森[4]有過長達二十三年的分析經歷，屬於資深的榮格心理分析師。同時，他也是我們國際分析心理學領域的「中國通」，精研《易經》和宋明理學，像榮格一樣，十分著迷中國哲學和中國文化。

他說起他自己與漢德森的分析經歷，包括他與其母親的情結，以及其中漢德森所啟發他的積極想像體驗；我也說起了我與我父親的夢及其經歷。

他認真地聽著，用的是我們心理分析的主動傾聽。

我也告訴他，父親去世後，母親隨我住了一段時間。

聽了我的夢，畢比將餐布頂在頭上，起身圍著我，圍著我們的餐桌繞了三圈，口中念念有詞：「我來為你解夢，我來為你解夢，我來為你解夢。」（畢比事後告訴我，這是他當時情不自禁、不由自主的反應）……接著他緩緩坐了下來，凝望著我半天，然後對我說：「這夢我不能說，還是留給你自己吧。」

我知道，這夢中有我的「伊底帕斯情結」（Oedipus Complex），或許還是伊底帕斯情結在中國文化和中國人心靈深處的表現。我也感謝畢比不予「說破」，因為其中最為重要的是個人所必需的感受，自己的直接面對。

伊底帕斯情結，正是所有接受心理分析者所必然面對的經歷和關口，不管是在個體潛意識的層面，還是在集體無意識的層面上。

即使是對於佛洛伊德，伊底帕斯情結不僅僅是其闡發的理論，而且也是其真實的切身感受。對於榮格來說，伊底帕斯情結依然重要，屬於精神分析的核心與核心神話。但是，心靈創造神話的事實，則更值得探索和深思……於是，在我與父親的夢中，同時包含了兩者：其中有我所經歷的伊底帕斯情結，包括我腳上被鐵釘穿透過的疤痕；也有心靈真實性的接觸，有我所經歷的心靈創造神話的過程。

隨後不久，畢比在寫給我的一封信中，意味深長地對我說，「荷永，信我，心靈的真實性（the reality of Psyche），正如你的夢和你的經歷所表現的，是所有心理分析中的關鍵。」

泰山與夢

二〇〇〇年四月清明時節，我去泰山為父母掃墓。時任「國際夢的研究會」（the International Association for the Study of Dreams）主席的羅伯特・波史奈克[5]與我同行。我們是多年好友，有著同門師源。我在瑞士曾與馬利奧・亞考畢（Mario

[3] **約翰・畢比（John Beebe），資深的榮格心理分析家，美國舊金山榮格研究院院長。《品德深度心理學》（*Integrity in Depth*）的作者。**

[4] **喬・漢德森（Joe Henderson, 1904-2007），榮格的學生，美國舊金山榮格學院奠基者，文化無意識理論的提出者。**

泰山天街和玉皇頂

Jacoby）一起做個人心理分析體驗，波史奈克也是亞考畢督導和帶出來的學生。

我們是從北京過來濟南的，這是他第一次來到中國。

在北京的時候，我們一起去了天安門廣場和故宮博物館。我們在華表前佇立仰望，想像著那特殊的象徵及其意象，然後波史奈克便進去了城樓的大門。我則停留在金水橋上，被那裡的毛主席像所吸引。這是我第一次這麼近距離並且認真地感受毛主席，從其畫像的眉宇之間，我感覺到了一種莫名的憂傷。波史奈克也轉回身來，和我站在一起來觀望毛主席。

當我問他感覺如何的時候，他竟然對我說，一種莫名其妙的深深的憂傷。

然後我們進去了紫禁城。波史奈克當時十分感慨，認為那裡是名副其實的中國文化博物館，他自己也能感覺到其中所聚集的氣氛和能量，簡直就是走近了榮格與衛禮賢[6]合著的《金花的祕密》中的神奇意境。但我對波史奈克說，紫禁城和故宮固然十分重要，但泰山才是我們中國文化最生動最具代表性的博物館，並且是具有生命、神聖而莊嚴的文化聖殿。

我們兩人一起登上泰山。

進入南天門，走過天街，到達玉皇頂。

我們一邊休息，一邊欣賞著岱頂的天際景色。

---

[5] 羅伯特·波史奈克（Robert Bosnak），荷蘭榮格心理分析師，長期在美國波斯頓開業，意象體現（Embodied Imagination）治療技術的奠基者，《探索夢的荒原》和《意象體現：醫療中的創造想像，藝術與旅行》的作者。

[6] 衛禮賢（Richard Wilhelm），漢學家，在中國生活二十餘年，對榮格有著深遠影響。

環顧四周，那正是十多年前與父親有關的夢發生的地方。於是，我便向波史奈克講述那個夢。

身臨其境，或許，講述的也更為生動一些。

我對波史奈克說：「你看，這便是夢開始時的『教室』……我是從這門裡出來，大概就是走到了這個地方，做了幾下深呼吸。」

就在講述的時刻，我也真的深深地呼吸了幾次。

「然後，當我抬頭仰望天空的時候，整個天空似乎是一幅巨大的壁畫，五彩繽紛，令人神往不已……」

波史奈克靜靜地聽著，我也想盡量生動地向他描述那夢境。

「在天空中出現的壁畫中，有許多燕子，都站在一棵迎客松上……」

此刻，身邊也真的有幾隻燕子輕輕地飛過……

「隨後，我的目光轉向東南面的山間，看到有兩個人在那裡行走，我目光跟著他們。他們走到那迎客松的前面停了下來，開始搖晃那松樹。眼看著松樹被搖晃得枯萎了。本來在那松樹上的燕子也都飛了起來……」

當我站起身來走前幾步，用手去指夢中被搖晃枯萎的那棵松樹的位置時，剎那間已被震撼：那裡也正是我父母的墓地所在。

此時我知道，這夢跟了我十多年，其意義猶存。

這夢是有生命的。心理分析所追求與探索的心靈真實性，以及心靈的自主性，莫過於此。

在我的理解中，心理分析的真實意義，必將在生活中體現。榮格分析心理學之積極想像與自性化的作用，也莫過於此。

此時此刻，我身在泰山。

夢中，從玉皇頂大殿出來所望去的方向，
以及夢中的那棵「松樹」

夢與泰山

十八歲那一年，我第一次登上泰山，猶如回家的感覺，依稀記得山谷的回響和松濤的呼應，那氣氛依稀如夢，依然栩栩如生。

後來，我離開了老家。多年來，只要回到山東，只要有時間，我便會去泰山，似乎總是能聽到一種內在的呼喚。

這呼喚，始終回響在泰山山麓之間，時刻感應共鳴於心。岱廟存有施天裔所題的泰山坊聯：「峻極於天，贊化體元生萬物；帝出乎震，赫聲濯靈鎮東方」。岱頂碧霞宮碑記曰：「元君者，夫亦東方萬物始生，托坤儀以顯靈，故能德配蒼穹，功侔造化，征其表異，若斯之顯赫也。」東嶽諸神，正是中華民族的守護神，千萬年來滋養與庇佑著中國文化之心靈。

衛禮賢在其《中國心靈》一書中，用「聖山」為標題來描述泰山以及他對泰山的體驗，「在離孔子誕生地曲阜不遠的地方，坐落著神聖的泰山，泰山是中國的奧林匹斯山……」衛禮賢這樣寫道。而衛禮賢的這種泰山體驗，對於榮格也有著深遠的影響。

「仰之彌高，鑽之彌堅，可以語上也；出乎其類，拔乎其萃，宜若登天然。」這是徐宗幹寫在岱頂孔子廟的對聯，也是對所有後來者的莫大鼓勵。

跟我研習心理分析與中國文化的學生，也大都熟悉了泰

1985年在登泰山途中

▶泰山，在我心目中充滿靈性，神聖而莊嚴

山。在我的心目中，來到泰山和曲阜，自然也就是我們心理分析與中國文化專業的入學儀式。

二〇〇九年十一月五日，就在撰寫本書的過程中，我和心理分析與中國文化專業的學生一行十六人，再次來到了泰山。

儘管已是深秋時節，難以尋得舊識的燕子；但一路上多有喜鵲相伴，飛來飛去似乎是在引路，不時發出清揚的叫聲，依然帶回來了那夢中的燕燕之情。

泰山之心性

今日的泰山，可回溯至二十八億年前的太古期，地球發育過程中最初的造山運動便造就了我們的泰山，伴隨著山呼海嘯，泰山從海底隆起，猶如一朵蓮花，露出了其固有的莊嚴和美麗。

我曾在泰山隨手撿起過一塊石頭，上面布滿燕子的身影。後來被告知那是三葉蟲的化石，形成於寒武紀的初期，但在當地卻被稱為「燕子石」。我常常想像，或許有那

2002年，與國際分析心理學會（IAAP）的代表在泰山

麼一種燕子，可以飛越千萬年的時空，帶來那遠古的消息。

在泰山極頂，也會看到「阿斯羌花」的化石，我將其稱之為「上古蓮花」，其中已是蘊含了深遠的心靈意象。

泰山石有其特殊的神性和靈性，人們也賦予泰山石以特殊的心理意義，泰山「石敢當」便是生動的例子，守護著千家萬戶。

近代的考古和歷史學家已經確認，大約在五十萬年前，泰山周圍已生活著遠古的「沂源人」，他們同「北京猿人」一樣，應為中華民族的祖先。

在泰山周圍，遍布人類進入新石器時代的足跡，如泰山北麓的後李文化和龍山文化，泰山南麓的北辛文化和大汶口文化，以及周邊的岳石文化等，這也是廣義的海岱文化和東夷文化的根基和命脈所在。

《山海經．山經》中曾有泰山封禪的記載：「封于泰山，禪于梁父，七十二家。」《史記．封禪書》中則有更為詳細的記錄：「（管仲曰）古者封泰山禪梁父者七十二家，而夷吾所記者十有二焉，昔無懷氏封泰山，禪云云；伏羲封泰山，禪云云……」並且逐次列出神農、炎帝、黃帝、顓頊、帝嚳、堯、

泰山上的「燕子石」和「阿斯羌花」化石

舜、禹，以及「禪會稽；湯封泰山，禪云云；周成王封泰山，禪社首：皆受命然後得封禪。」

上古史中的帝王，多與泰山相連。傳說中炎帝和黃帝都曾建都於泰山以南，堯建都泰山東南的新泰，舜漁於雷澤，耕於曆山，建都於泰山西南的肥城石橫。

而炎黃之前的伏羲氏，作為東夷族的首領更是以泰山為根基，養息於附近的雷澤之

泰山玉皇頂「古登封台」

鄉。《太平御覽．詩含神霧》中說：「大跡出雷澤，華胥履之，生伏羲。」這雷澤之地，也便是古時的雷夏菏澤之野。

因而，菏澤也被稱之為伏羲之桑梓，堯舜之故里。古時這裡為濟水所匯，菏水所出，連通古濟、泗兩大水系，南有菏山，北有雷澤。原來的菏澤古城方圓數華里，四周曾有古城牆與護城河，城內曾有72口古井，72處泉湖，72條古街……星羅棋布，巧奪天工。

小時候，常聽奶奶或我夢中的老師，講述有關天干地支，24節氣和72物候的故事。於是便想，這菏澤古城所擁有的72數字，已經是包含了72物候的自然寓意吧。後來知道，這72或許也與孔子的72弟子有關。當我第一次去到泰山，始知道，這菏澤古城的72口古井和72處泉湖，或許正是對泰山之上的72處名洞和72處石泉的響應，儘管處處顯得著實不可思議。

王獻唐先生在其《炎黃氏族文化考》中，以泰山為基礎闡釋說，「往古先民，生聚於斯，萬代諸皇，建業於斯……木本水源，血統所在，泰山巍然，同族仰鏡。」

實際上，堯、舜、禹以及炎帝、黃帝和伏羲之足跡遍布中華大地。伏羲不僅是東夷族的代表人物，而且一向也被認為是中華始祖。傳說中的伏羲和女媧，也正是中華民

在泰山的西麓，有傳說中的炎黃二帝巨石。儘管是傳說，但此山石意象栩栩如生

族的創始神話。

「古者包犧氏之王天下也，仰則觀象於天，俯則觀法於地，觀鳥獸之文與地之宜，近取諸身，遠取諸物，於是始作八卦，以通神明之德，以類萬物之情……」這是《周易．繫辭》中對伏羲氏始創易經八卦的記錄和描述。漢代許慎在其《說文解字．序》中，也引用此段文字作為漢字初創的歷史。天垂象，聖人則之，河圖洛書隨之躍然，化作中華民族初發的智慧和原創力。

伏羲氏又被稱之為太昊。昊者，天上之日，光耀明照，元氣博大之貌，具有太陽的象徵，因而伏羲太昊也正是中華民族之太陽神的意象。

在山東莒縣出土的大陶尊上，赫然刻有「日—火—山」的符號，已是表達了這種先民的太陽崇拜。同時，在我看來，其中也具有生動的「島」的意象。《說文解字》注「島」為：「海中往往有山可依止，曰島。」而在中國先民尤其是東夷族人的心目中，「島」，尤其是玄鳥和三足烏，也往往象徵太陽。

對太陽的崇拜，已是古樸心智的萌生。正如《文心雕龍》之「原道第一」所述：「有心之器，其無文歟？」「言之文也，天地之心哉。」心生而言立，言立而文明，自然之道也。

同樣，我們可以靜觀我們漢字之「泰」，其中表達了極大、通暢與安寧的意象，蘊

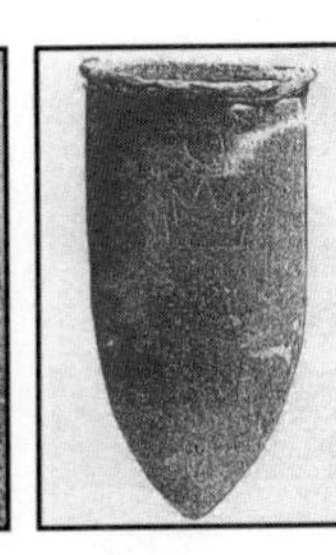

山東莒縣出土的大陶尊

含天地之交，山水相連的意境，昊天泰憮，正是東嶽泰山的寫照。

《說文解字》注「泰」為「從廾從水，大聲。」「廾」的甲骨文字形為「𠬞」，寓意雙手之「拱」，含「共」和「恭」義，音亦然。「水」之甲骨文如「巛」，含「准」（準）之義，《釋名》曰：「水，准也，准平物也。」《書．洪範》：「五行，一曰水。」《正義》曰：「天一生水，地六成之。」《周易．參同契》：「白者金精，黑者水基。水者道樞，其數名一。」而水中所含之「一」，也正如許慎所言：「惟初太始，道立於一，造分天地，化成萬物」之意蘊。郭店竹簡中有《太一生水》篇，「太一生水，於是生成天地神明……是故，太一藏於水，行於時……」《老子．道德經》第三十九章曰：「天得一以清，地得一以寧，神得一以靈，谷得一以盈，萬物得一以生，侯王得一以為天下正。」

馬端臨在其《文獻通考》中曾對泰山有這樣的描述：「岱宗東嶽，以其處東，位居寅丑之間，萬物始終之地，陰陽交泰之所，為眾山所宗也。」

《易經．說卦傳》中有「帝出乎震」的紀錄，泰山北斗寓意其中。《易經》設有泰卦，彰顯天地相交之意象，天人合一之精蘊。

泰山玉皇頂摩崖石刻

泰山之滋養

二〇〇二年九月，第二屆心理分析與中國文化國際論壇之後，我曾帶著國內外數十位心理分析師，以及我們心理分析與中國文化專業的學生，一起來到這泰山之巔，體驗與感受其中的文化心靈。然後轉去曲阜孔廟，同樣帶有禮儀和朝拜的心情。這對於我們心理分析與中國文化的發展，既具有象徵性的意義，也具有實際的心靈真實性的作用。

那一次旅行，我們先到泉城濟南，登上泰山後又去到孔子故里曲阜。夜裡有許多生動的夢，醒來留下《易經》蒙卦的象辭：「山下出泉，蒙。」

只此五字反覆湧現，使得我心潮澎湃，思緒萬千。

於是，我在日記中記下了這樣一些文字：

……《易經》蒙卦艮上而坎下，山下出泉之象。蒙者，物生之處，啟蒙之謂也。

……泰山，也便是這蒙中艮山之意象；泰中所含之水，化作泉城之72名泉的湧現。而蒙中之蒙者，當有伏羲神農之發端啟蒙，亦有孔孟曾顏之童蒙解困，皆匯聚於這岱宗泰山腳下，凝結為中華之精粹。對我來說，這也正是心理分析積極想像之實踐，以及其中自性化過程之意義的真實體現。

泰山上有一處洗心亭，清代蔣大慶為其撰寫了這樣一幅對聯：「艮止坎流會心不

2000年作者在泰山玉皇頂摩崖石刻前

遠，言坊行表即目可尋」。每次來到泰山，必然有所收穫，猶如一種洗心的體驗。

於是，在我的心目中，泰山便是那永恆的神山、靈山和聖山，其中也包含著我所追求的中國文化的源頭活水。當被問及我是否有宗教信仰的時候，我總是回答中國文化便是我的信仰，其中也便包含了我對泰山的宗教情感。

我的心理分析求索和研習，由此轉化為真實的生活體驗。這也正是心靈真實性的表達。對我來說，我們心理分析的積極想像和感應心法，始終都具有這種真實的生活意義，總是在生活中獲得實現。由此，我們追尋著人性所能達到的心靈境界。

泰山之洗心體驗，也讓我能夠感受伏羲女媧意象中所包含的心靈的真實性意義，以及其中的心理分析與中國文化意境。伏羲之一畫開天，神道設教，河圖洛書盡得彰顯，由此觀感化物，已存心理分析之精蘊。「易無思也，無為也，寂然不動，感而遂通天下之故。非天下之至神，其孰能與於此。」於是，伏羲所創之易經八卦，能研諸慮，能說諸心。我們心理分析之命名與啟蒙、馴化與滋養、時機與轉化，慈悲、治癒、美與善等諸要義皆匯聚凝結在伏羲和女媧的意象中。

傳說中堯舜禹代代相傳的心法，被記載於《古文尚書．大禹謨》中：「人心惟危，道心惟微；惟精惟一，允執厥中。」堪稱為中華道統的十六字心傳，彰顯了「執中」

的要領。執其兩端而用其中，追求其中的治癒和轉化，以及超越和超越性功能，正是心理分析的基本原理和精要所在。

孔子孟子承前而啟後，確立儒學之道統。當子貢發問：「有一言而可以終身行之者乎？」子曰：「其恕乎。」（《論語．衛靈公》）「恕」字如心，推己及物，「己所不欲，勿施於人。」既是儒家精神所在，也可為心理分析的工作原理。孟子在其《盡心》中說：「仁義禮智根於心……知其心者，知其性也。」一向被我作為心理分析的基本準則。

我曾受惠於李顒二曲先生，他曾告訴我：「孔、顏、思、孟……俱是醫人的名醫；五經、四書及諸儒語錄，俱是醫人的良方……我們切莫辜負名醫立方之初心。」[7]聖人之教誨入乎耳而著於心，絜靜精微，極深而研幾，以易洗心，由此，也包含了我們心理分析與中國文化的根基。

誠然，在我的心目中，老子和莊子，同樣匯聚於泰山意象之中。老子故里有河南

[7] 李顒：《二曲集》，中華書局一九九六年版，第二十八頁。

鹿邑和安徽渦陽之說，兩者相差只是百餘里，同屬漢代苦縣的範圍。然老子立道家之言，其思想則跨越千古。我們以中國文化為基礎的心理分析，所突出的主動傾聽，其中也有取義於老子「李耳」之名和老聃之「聃」的寓意。老子曰：「常無欲以觀其妙，常有欲以觀其徼」，已是交付於我們從事心理分析的兩把鑰匙，以探索玄之又玄的眾妙之門。老子說，「孔德之容，惟道是從。道之為物，惟恍惟惚。惚兮恍兮，其中有象。恍兮惚兮，其中有物。窈兮冥兮，其中有精。其精甚真，其中有信……」（《老子・二十一章》）同樣融會於我們心理分析的智慧。

在我小時候的老家菏澤，那裡的「南華公園」對我總有著莫名的吸引。儘管這南華公園也說不上是古蹟，但公園湖邊幾塊碩大的石頭，對我始終充滿神祕。或許，這「南華」也與莊子有關，與其撰寫《南華經》有關。莊子曾為漆園吏，而這漆園則被認為是在曹州冤句（菏澤）之北東明附近。東明至今仍然是菏澤的一個縣，正是由於莊子的緣故，在歷史上（唐代）曾被授名為南華縣，附近莊寨村的南華山遺址也被認為是莊子故里。莊子的南華真經不僅是中國文化經典，也實屬心理分析與中國文化之基石。在《莊子》中，我們心理分析之治癒與轉化的要義和方法，皆蘊含其間。「至人用心若鏡，不將不迎，應而不藏，故能勝物而不傷。」（《莊子・應帝王》）「形莫若就，心莫若和……就不欲入，和不欲出……」（《莊子・人間世》）「夫吹萬不同，而使其自己也。咸其自取，怒者其誰耶？」（《莊子．齊物論》）榮格自稱為莊子的信徒，莊周夢蝶也曾是所有分析心理學家們的嚮往。在我從事心理分析的時候，莊子也曾入我夢中，授我齊物的道理，傳我心齋的體驗。

泰山的經石峪是國內最大的佛教摩崖石刻，在泰山斗母宮附近的山谷溪床上，刻有《泰山佛說金剛經》，藏於水下約千年，山泉改道始顯真容，雄渾古穆，氣韻天然。

《金剛經》又名《金剛般若波羅蜜經》，以「戒、定、慧」為要旨，蘊含布施、持戒、忍辱、精進、禪定和般若，寓意精進、智慧和超越。

「如是我聞。一時，佛在舍衛國祇樹給孤獨園，與大比丘眾千二百五十人俱。爾時，世尊食時，著衣持鉢，入舍衛大城乞食。於其城中，次第乞已，還至本處。飯食訖，收衣鉢，洗足已，敷座而坐。時，長老須菩提在大眾中即從座起，偏袒右肩，右膝著地，合掌恭敬而白佛言：『稀有！世尊！如來善護念諸菩薩，善付囑諸菩薩。世尊！善男子、善女人，發阿耨多羅三藐三菩提心，應云何住？云何降伏其心？』」（《金剛經》）

「應云何住？云何降伏其心？」便為所有心理分析的要旨所在。《金剛經》實為修心的指南，治癒的法門。

昔日慧能仍在南海砍柴的時候，正是聽聞客人所誦《金剛經》，受其中「應無所住而生其心」的感動，而入五祖弘忍門下。為法忘軀幾經寒暑，終以「菩提本無樹，明鏡亦非台；本來無一物，何處惹塵埃。」呈現覺悟見地。五祖復以《金剛經》傳授，又至「應無所住而生其心」，慧能言下大悟，以「何期自性本自清淨；何期自性本不生滅；何期自性本自具足；何期自性本無動搖；何期自性能生萬法。」（《六祖壇經．行由第一》）完成修心、體悟和見證的過程。而此情此景，此情景中的境界，已是寓意心理分析的精蘊和大義。

我在南京讀研究生的時候，曾親近棲霞山圓湛法師，受其影響開始研讀佛學經典，遂萌發以「禪宗與心理分析」作為研究和發展的方向。我的心理分析歷程也多與寺院有關，那也常是我安身之處，不管是在國內還是在國外；晨鐘暮鼓也入夢中，焚香誦經已是洗心。

泰山經石峪的《泰山金剛經》

泰山經石峪的旁邊，有一高山流水亭

在泰山經石峪的旁邊，有一高山流水亭。傳說正是當年伯牙撫琴的地方。亭北側刻有明代的一幅題聯：「天門倒瀉一簾雨，梵石靈呵千載文。」

高山流水，知音傳奇。在《禮記．樂記》中曾有生動的有關音樂的心理分析：「凡音之起，由人心生也。人心之動，物使之然也。感於物而動，故形於聲。聲相應，故生變。變成方，謂之音。比音而樂之，及幹、戚、羽、旄，謂之樂。」但是，樂之所由生，其本在於人心之感於物也。「是故其哀心感者，其聲噍以殺；其樂心感者，其聲嘽以緩；其喜心感者，其聲發以散；其怒心感者，其聲粗以厲；其敬心感者，其聲直以廉；其愛心感者，其聲和以柔。六者非性也，感於物而後動，是故先王慎所以感者。」（《禮記．樂記》）樂也如此，詩也如此。《禮記．樂記》進一步闡釋曰：「詩，言其志也。歌，詠其聲也。舞，動其容也。三者本於心，然後樂（器）從之。是故情深而文明，氣盛而化神，和順積中而英華發外，唯樂不可以為偽。」於是，在這「音從心生」的原理中，所包含與反映的也是一種天人感應法則。

我每逢至此必有感觸：高山依舊志在感應，流水如昔有待知音。《論語》中有關於孔子在齊國聽到《韶》樂的感受：「子在齊聞《韶》，三月不知肉味，曰：『不圖為樂之至於斯也。』」（《論語．述而》）音樂之回味無窮的魅力由此可見。於是我們可以理解孔子的感嘆：想不到音樂的美妙感人能夠達到如此的地步；「子謂《韶》盡美矣，又盡善也。」（《論語．八佾》）那也就是盡善盡美的寫照。

泰山之心意

一九九三年，我曾受台灣心理出版社之邀，準備撰寫一部《中國文化心理學》。儘管列出了提綱，約定兩年交稿。兩年中我讀了許多有關中國文化和心理學的著作，撰寫了許多筆記和感想，但卻未能如期完成書稿。不過，這兩年的集中閱讀，也為我一九九六年作為富布萊特學者前往美國講授中國文化心理學打下了基礎。直到一九九九年，當我在瑞士蘇黎世榮格心理分析研究院做專業訓練時，再度準備完成這多年的願望，撰寫一部中國文化心理學。

一九九九年十二月六日，父親出現於我的夢中。

……夢中，父親在整理一些舊的東西，或者是一些十分古老的東西；其中有一本《東遊十國記》，大概是與他本人有關的遺稿；還有一本《易經》，都被埋在了下面。我也一再往返一座房子，想有一些發現……在一個小房間裡，放著一些我們整理出來的東西，還有一架織布機……

次日醒來記下這夢的時候，第一感覺便是父親在支援我來撰寫這部中國文化心理學，或者說，正是由於有了這樣一個夢，便加強了我寫作的動力。於是，心存感激，我開始了工作。完成書稿之後，取名為《中國文化心理學心要》，用「心要」寓意「心藥」、「新的要點」和「心的綱要」。我在序言中寫下了這樣一段文字：

> 謹以此書作為對父親的紀念，「龍年來龍年去亦悲亦喜，生無愧死無憾何哀之有」是我們為父親的去世所撰寫的輓聯。就在最後整理此書稿的過程中，我夢中常有父親的陪伴。君子終日乾乾，十餘年來思念不斷；謹以此書奉獻給父親，也是奉獻給哺育我成長的中國文化。

《中國文化心理學心要》在二〇〇一年由人民出版社出版。此書也幫我圓了我與我父親的夢，也是我心中對於泰山的祈祝和心願。

如今已是時隔二十年，在洗心島重溫此夢和我的泰山行思，謹以屈原的《九歌》，作為我對父親的紀念，送給我心目中神聖而靈通的泰山。

廣開兮天門，紛吾乘兮玄雲。令飄風兮先驅，使涷雨兮灑塵。君回翔兮以下，逾空桑兮從女。紛總總兮九州，何壽夭兮在予！高飛兮安翔，乘清氣兮禦陰陽。吾與君兮齊速，導帝之兮九坑。靈衣兮被被，玉佩兮陸離。一陰兮一陽，眾莫知兮余所為。折疏麻兮瑤華，將以遺兮離居。老冉冉兮既極，不浸近兮愈疏。乘龍兮轔轔，高馳兮沖天。結桂枝兮延佇，羌愈思兮愁人。愁人兮奈何？願若今兮無虧。固人命兮有當，孰離合兮何為。

——屈原《九歌．大司命》

泰山上的迎客松

02 心齋體驗：夢中頭遇心

一九九三年三月，我接到美國南伊利諾大學心理學系主任羅伯特·恩博森（Robert Engbretson）的一封信，信中邀請我前往美國做訪問學者。

我與羅伯特在一九八六年相識，當時他前來南京師範大學訪問講學，我為他擔任翻譯。羅伯特的講課十分精彩，教室總是擠滿學生，許多人只好站在教室的門口，或教室的窗口聽課。我還記得，當第一次講課之後，我向他出色和成功的演講道賀，而他則認真地說，「這是由於你的翻譯，這是我們兩人共同完成的演講。」

一九九二年，他曾專門趕來華南師範大學，幫我講授了兩個月的「社會心理學」和「非言語交往」。

儘管對於出國做訪問學者並沒有任何事先的準備，幾番考慮，我仍然接受了來自美國的邀請。不久，羅伯特已為我申請到了美國心理學會（APA）的研究資助，並且辦好了有關的簽證文件。

當時，我正負責國家自然科學基金會中的一個科研專案：「團體內聚力研究」。在獲得國內的同意之後，我便以「團體動力學研究」高級訪問學者的身分來到了美國。這是我父親去世後的五年，我經歷了一九八九年之後的苦難和傷痛，我的老師高覺敷和劉恩久也都在這一九九三年相繼過逝。

在臨行之前，我做了這樣一個夢，這是我當時「夢的日記」中的紀錄：

夢中，又出現那一處古蹟，像南京的石像路，像泰山上的城堡或宮殿，我身在其中……這些景象常在我夢中出現，給我留下朝聖和接受洗禮的感覺，一種近在身邊，而我也應該常常過來的感覺……

接著的夢境，是重返我的士兵生活，奉命去開墾一片廣闊的原野……

夢醒後的第一感覺，前者是我的文化傳統，寓意著一種內在的連接；後者則傳來一種深遠的呼喚。

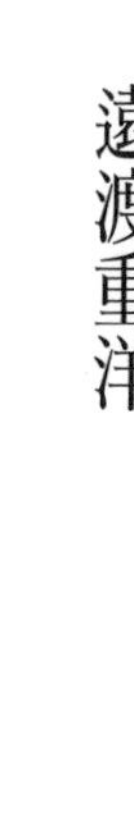

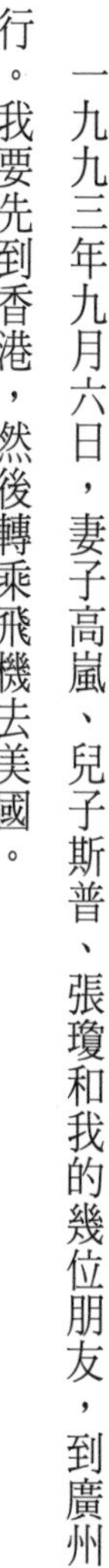

抵達美國芝加哥機場，羅伯特所攝

遠渡重洋

一九九三年九月六日，妻子高嵐、兒子斯普、張瓊和我的幾位朋友，到廣州為我送行。我要先到香港，然後轉乘飛機去美國。

當時斯普還小，但也在那裡為送我等候了一個多小時。在我要轉身離去的時候，小小的他輕聲地說：「爸爸，再見。」然後向我搖擺著他的小手。

列車駛過天河北，我靠近車窗，望去我們家所住的方向……

列車一直向東，帶著離別的憂傷，獨自一人去面對遠方。

我搭乘的班機在日本停留了三個小時，由於某種原因臨時轉換了飛機，然後飛往美國的芝加哥。

天空亦陰亦雨，漸漸模糊了海中的島嶼。

從夢中醒來，窗外竟是異常美麗的晨曦。

第一次遠渡重洋，第一次來到這大西洋的彼岸。

我剛出芝加哥機場的海關，便看到羅伯特早已擺好的拍照姿勢，為我拍下這張最初登陸美國一刻的照片。

▶與羅伯特．恩博森和其夫人在高覺敷教授南京赤壁路十二號家中（1986）

由於飛機從日本起飛時耽擱許久並臨時更改了班次，我並沒有期望能有人在機場接我。於是一眼看到了羅伯特，還真的是讓我喜出望外。

羅伯特從伊利諾州最南端的南伊利諾大學開車七個多小時，來到芝加哥的機場接我。儘管我對美國的大學以及此次的訪問研究充滿嚮往，有一種幾乎要即刻開始工作的心情，但羅伯特則對我說，「不急，不急。」他說，「我要先帶你去一個地方，我們過幾天再回學校。」

於是，羅伯特帶我開車向北，一路直達威斯康辛州（Wisconsin）。

羅伯特隨身帶著相機，一路上常為我拍照，說是要為我記錄我的初次美國行。他說儘管以後我可能常來美國，但對於我們社會心理學家們來說，這「初次印象」總是具有特殊的意義。於是，凡是遇到帶有標誌性的地方，他都要我過去拍下照片。他也曾告訴我說：「我們心理學家，首要便是觀察；我們社會心理學家，所注重的便是對人和環境的感受。」

感受美利堅

威斯康辛，這是被印第安人稱之為「草地」（Grassy Place）的地方，含有「水的聚會」和「巨石」的語義。當地人喜歡把威斯康辛州稱為「獾州」，其北臨蘇必略湖（Lake Superior）屬於蘇必略高地，東接密西根湖（Lake Michigan），州境內大約有一萬多個湖泊。羅伯特告訴我，這威斯康辛也是他出生的地方。這裡的人特別喜歡知更鳥和蝴蝶紫羅蘭。

羅伯特出生於威斯康辛，成長於伊利諾。他告訴我，如今的「伊利諾」州名（Illinois），本來也是源自印第安人的「伊利尼維克」（Illiniwek）部落。一八三四年林肯在此當選為州議員而開始政治生涯，於是伊利諾也被稱之為「林肯故地」。一路上，羅伯特為我講授美國歷史，帶我感受美國。

在威斯康辛大學的麥迪遜，羅伯特安排我住在他的一位親戚家裡。我仍然清晰地記得，那家裡有一位男孩，對我這來自中國的外國人，總是充滿了好奇。竟然每天都纏著我，要學習中國漢字。這孩子的父母對我說，或許，這孩子命中註定也要學習心理學，或者還將要到中國學習中國文化心理學。

羅伯特是高爾夫球迷，我被帶到麥迪遜的高爾夫球場。本以為有著籃球和乒乓球基礎的我，不會對這「高爾夫」有什麼困難。但是，幾度揮杆，用足力氣，要不是擊空，要不就是打偏。於是，羅

1993年在麥迪遜房東的家裡，左一是那對中國充滿好奇的美國男孩

伯特開始親手教我揮杆的動作和擊球的要領。

羅伯特和他的球友隨球遠去了。我自己走到附近的一棵大樹下，坐下來記我的日記。

在從芝加哥趕往威斯康辛的途中，羅伯特曾問我最想看美國的什麼地方，我竟然莫名其妙地回答說，帶我看看美國的「農村」吧。

羅伯特費了些功夫，才確認我所表達的「village」，是基於中國的「農村」和城市的巨大差別，這對他來說有些難以理解。

明白了我的意圖之後，羅伯特帶我去了威斯康辛保留的最早移民的原始村落，一個鄉村博物館。

一路上我都仍然在尋找我所想像中的美國「農村」。很遺憾，看到的都是花園般的洋房和別墅。後來我才慢慢地明白，被我當作是城市的洋房建築，正是美國的「農村」和美國農民的居所。

幾日來，羅伯特總是帶我走親訪友，駕車出遊，增加我的美國感受。我所接觸的美國人，隨處體現著自信和自由的個性，甚至是能夠打動你的那種本然或骨子裡的自信和自由。同時，隨處可見的自然和富足，即使是我所看到的那些美國的「農民」，也都展現自主和獨立中的親情和友誼。和我們中國人不同，羅伯特和他的親友們，展現

羅伯特・恩博森一家

的是一種親情中的獨立，友誼中的自主。朋友相聚，竟然可以肆無忌憚地批評政府，可以痛罵政治的腐敗、政客的無恥和政要的無能，真使我大開眼界，也讓我對羅伯特刮目相看。在這裡，在他的家鄉，他表現的是一個實實在在的美國人。

最初的美國印象

一周後，羅伯特慢悠悠開車離開威斯康辛南下，最終帶我到達了南伊利諾大學的所在地：愛德華鎮。

在標誌愛德華鎮的高速公路路口，羅伯特把車停在路邊，對我說應該拍照留念。於是有了下面的一張照片。

次日，學校為我舉辦了一個歡迎會。這是羅伯特的特意安排，他的心理學系同事，以及學校裡對中國文化感興趣的學者和學生，對我的到來表示歡迎。

當地的記者還對我做了一個採訪，其中，被問到這樣一個問題：

到達美國南伊利諾愛德華鎮（Edwardsville）

記者問：「你是第一次來到美國嗎？」

我點頭表示：「是。」

記者接著問：「那麼，你能說一下，你第一次來到美國的最初印象嗎？」

我沒怎麼想，幾乎是脫口而出的，竟然是這樣一個回答：「我來到美國之後的最初印象，是感覺到了我是一個華人，來自東方的中國人。」

我還記得那記者聽到我的回答後一臉茫然的樣子。或許她認為這根本上就是答非所問。

但是，這脫口而出的話語，卻是我第一次到達美國之後的最初印象，也是最深刻和最真實的印象。

這是我第一次真正來到了國外（在這之前，儘管我曾到澳門講學，到香港參加學術會議）。在國內的時候，竟然很少會有自己是一個「中國人」或「華人」的感覺，因為大家都是中國人。而來到美國之後，我能從我所遇到的所有人的眼光中感覺到，「我是一個中國人」。

這真的是我第一次來到美國的最初印象。正是由於這樣一個最初的美國印象，也使得我有了一種內在的衝動，對於作為「中國人」或「華人」的身分認同，作為「中國人」或「華人」的反思和求索。於是，從此時開始，我對中國，對中國文化，充滿了特殊的嚮往。我有了一種內在的渴望，要好好地理解作為中國人的意義。

接著，我又說了這樣一些看似莫名其妙但卻是有感而發的話，「或許，我的最初美國印象，是有了我作為中國人身分認同的一面鏡子。這些天來我都在想，或者是想像，同居地球上的美國和中國，時差十二個小時，一明一暗，在美國是陽光燦爛而在中國卻正是漫漫黑夜；一陰一陽，陰陽交替，若非穿越太平洋，還未能對此自然造化有如此切身的感受。」

當時的國際阿德勒心理學會主席伊娃．德瑞可斯．賈古森（Eva Dreikurs Ferguson）正是南伊利諾大學的心理學教授。她的丈夫是漢學家，專攻中國哲學。我們也談起阿德勒心理學在中國的發展，包括這英文的「Individual Psychology」的中文表達。當得知國內大多用「個體心理學」來翻譯阿德勒的「Individual Psychology」的時候，兩人頻頻搖頭，異口同聲地表示這是誤解。阿德勒創立其心理學體系的初衷，若是放在中

與伊娃．德瑞可斯．賈古森和其丈夫在交談

國文化的背景中來說，正是孔子的「仁」。仁者兼愛，體現忠恕，寓意人際交往之本質，如此始能理解阿德勒心理學的本義。

一到學校，羅伯特便領我把南伊利諾大學裡裡外外轉了一大圈。令我感嘆的既有這美國大學之大，南伊利諾大學的校園廣闊在美國名列前茅；也有其教室和圖書館內容之充實，儘管這並非美國的一流大學，但其圖書館猶如宮殿，美輪美奐。學校以學生為中心，體現在這裡的「大學生活動中心」。所有的設施對學生全部免費，但若是教師來使用卻要付費。大學生的自發和自主得到了充分的展現，這要有對學生甚至是對人性的充分信任和尊重才行。

在這南伊利諾大學的校園裡，不同國籍、形色各異的學生比比皆是；在我看來多屬奇裝異服，但個個顯得神采奕奕，精神十足，頓顯其開放和自由的大學風度。university（大學）本來也就應該具有這universal（博大）的特質，不應是封閉的和被限制的。大學之道，本應在「明明德，在親民，在止於至善」，在於發揚人性的光輝。

孤獨中的憂思

來到這南伊利諾大學最先做的事，便是迫不及待地去了學校圖書館。我意外驚喜地發現，這裡借書的數量是不受限制的。當天晚上離開圖書館的時候，我抱走三十多本我想看的書，多屬心理學或心理學的新發展之類。來到美國一周多了，還未能遇到一個講中文的，憋得有點發慌。於是，悶起頭來，我開始讀書。

然而，又一周過去，心中漸漸湧出孤獨和憂傷。在當時的日記中有這樣的紀錄：

整整一周，這「美國夢」似乎與在家的夢有很大的不同……許多異樣的感覺進入夢鄉……其中，有這樣一種感覺，夢中的自我，顯得有些茫然，許多的惆悵，許多憂傷的意象……朦朦朧朧一併出現於我最初的「美國夢」中……

或許，這些茫然和惆悵，也與我所閱讀的「心理學」有關。

在我的心目中，至少是經歷了與父親去世有關的夢之後，我的心理學是傾向於對未知的探索，對心靈的追求，其中包含了對領會生命本質和生命意義的渴望。於是，一般意義上八股似的「教科書」，猶如流行的速食，已沒有多少滋味可言。

於是我想，在我自己內在的成長中，實際上並沒有留下太多正式教育的效果，而更多的是一種「本性」的發展，一種內心的自然接受。這種「本性」的發展和自然的接受，甚至也包括奶奶所帶給我的情感和啟蒙，外婆家村莊所注入的那種自然的滋養和感受。而課堂上的東西我幾乎全忘記了，包括大部分的教科書。只是我喜歡的課外書，我喜歡的課外閱讀，卻源源不斷地注入和充實著我。

又過了一周，慢慢地感覺到那種令人憂傷和沉鬱的氣氛漸漸消失，而顯露出一個晴朗的天空。

羅伯特幫我辦理了一個美國的「社會保險卡」，上面注明是可以工作的。於是我想到去打工，並有人給我介紹了一份工作，在一個類似「少年管教所」之類的地方值夜班。該工作職位說明若是有當過兵的經驗和心理學知識將會被優先考慮，看來也算適合我。但當我告訴羅伯特後，他表示反對。我說：「別人不是都在打工嗎，我是準備好打工來維持生活的了。」但羅伯特對我說：「每個人都不一樣。你不要去和別人比，你的時間都應該花在學習上。」羅伯特接著說：「若是生活費用有問題，那麼你不用擔心，由我來解決好了。」

儘管我當時並不怎麼理解羅伯特，心中還有些忿忿不平，覺得他有點過分。從此之後我也從未能獲得在美國打工的體驗，成為一種遺憾。但我也知道這是他難得的一番心意，一種信任和支持，至今仍然感激他。

羅伯特特意為我安排了住所，愛德華小鎮上的一棟別墅。這棟房子似乎曾出現於我的夢中：房子周圍的綠草地，遠遠望去的灌木叢和樹林，別具一格的歐式房屋……依稀還顯露著童年夢中的記憶。對我來說，這裡既屬陌生，但又顯得熟悉。

尋找我的「書」

眼看一個月過去了，我借來的三十多本書，只讀完了一本。於是，有了一種幾乎是望書興嘆的感覺。

莊子曾在其《養生主》中說：「吾生也有涯，而知也無涯。以有涯隨無涯，殆已！已而為知者，殆而已矣。」對此，不同的時期，我讀到的感受也不盡相同。此時此刻，一九九三年在美國南伊利諾的秋季，則默默地啟發我，去尋找讀書之外的意義。或者說，也是尋找讀書的真實意義。

有關的思索，也使我想起了奧古斯丁。這是我最喜歡的哲學家之一，我也一直將其作為西方心理分析的主要奠基者。他的《懺悔錄》是伴我成長的主要書籍。我仍然記得，當年的奧古斯丁，也曾有過類似莊子的哲思，並且要尋找能夠屬於他的唯一書籍。

我在想像，應該也是在秋天，有一個聲音從天際傳至奧古斯丁的耳邊：「你不是要尋找一本能夠屬於你的唯一的書籍嗎？那麼，你跟我來。」

於是，奧古斯丁在他的花園裡，獲得了屬於他的唯一的書籍。那正是上帝的賜予，也是他對上帝的讚美，流傳千古的《懺悔錄》，真正的天籟之音。

奧古斯丁的《懺悔錄》，在我們所理解的「懺悔」的一般意義上，同時包含了讚美與歌頌。比如，《懺悔錄》開篇的一句話：「主，你是偉大的，你應受一切讚美；你有無上的能力、無限的智慧。」

我在當時的日記中這樣寫道：「儘管奧古斯丁的《懺悔錄》是我多年前的閱讀，但直至今日始湧現其中的啟示。」

「我們的心如不安息在你懷中，便不會安寧。」奧古斯丁如是說。

「誰能使我安息在你懷中？誰能使你降入我的心靈，使我酣暢，使我忘卻憂患，使我抱持你作為我的唯一至寶？」這也正是我此刻的求索。

「至高、至美、至能、無所不能，至仁、至義、至隱、無往而不在，至美、至堅、至定、但又無從執持，不變而變化一切，無新無故而更新一切……」這何嘗不是我們心理分析的追求。

於是，我終日在想，又有誰能夠賜予我一本真正屬於我的書呢？使我能夠「緣督以為經」，獲得知識中的智慧，獲得智慧所包含的真正意義呢？

「既然不信，怎會呼喚？無人傳授，怎會相信？」這既是奧古斯丁的教誨，也是莊子對我的護佑，也是心底深處的共鳴與感應。

遇到引路者

一天清晨，正是一九九三年的「秋分」時節，我騎著自行車，緩緩穿過愛德華鎮，要趕往數公里之外的南伊利諾大學校園。

遍地落葉隨風起舞，秋日的晨風吹起陣陣乍寒的涼意。

我如同往常一樣，沿著州際公路的路邊，騎車趕往學校。身邊依舊是飛馳而過的汽車，我也認真地騎著我的自行車。從愛德華鎮到校園，騎車大約需要四十分鐘。

這時，遇到一輛放慢了速度的汽車，幾乎是靠著我行駛，然後把我擠停在了路邊。

車窗搖下，是一位老太太在開車。

「不會是向我問路的吧？」我心裡在想。

「你怎麼能在這高速公路上騎自行車呢？」這老太太顯得有些生氣同時也是很關切地對我發問說。

我看了她一眼，感到有些彷徨，對她說，「這有什麼不對嗎？」

她接著說，「你不能在這高速公路上騎自行車，你會被汽車撞到的。」

我見她責備中帶著友善，於是便向她解釋，我只有這自行車作為交通工具，而每天都要趕去學校……

她認真地看了看我，然後說，「那你跟我來……」

附近剛好是一個右轉的車道，她慢慢地開著，我騎著車跟著她。

轉了好一個大圈，她把我帶到一個路邊停了下來。

然後，步行帶我進去路邊的樹林，指著樹林中的一塊木牌，對我說，「你看到了，這是可以騎自行車的路；從這裡下去，可以通往你的學校。」

我仔細地看了一下，那木牌上是寫著「自行車道」。但實際上並沒有路，只是樹林裡的草叢中隱約顯出了一些被踏過的痕跡而已。

我看著那老太太離去，獨自騎車闖入了一片未知的森林。

愛德華鎮森林中的小木橋

在樹林小徑中騎車

穿過一片較為開闊的灌木和草地，便被引入逐漸茂密的森林之中。正值秋日時節，層林盡染姿色萬千，伴隨著秋蟲的鳴響和鳥兒的放聲，處處散發著濃郁的自然氣息。於是，我身不由己推車緩行，進入與獲得這上天賜予的時機。

推車行走十多分鐘，一座小木橋悠然而現。

我懷著一種莫名的驚喜，走上了這小橋。

橋下有潺潺的流水，一條山澗的小溪順勢而下，或擊石而越或繞石而行，不時發出悠揚的磬聲回響整個山谷，回響於這片秋色的樹林。

此時此刻，感心動耳，盪氣迴腸，已是一種自然的洗禮。

橋的一端有兩棵大樹，猶如守衛也宛如門戶。

一縷陽光，透過樹林閃現在我的面前。於是，這片森林，這小木橋，已是將我引向一片新的天地，我欣然走了過去……

尋獲我的「書」

第一次來到這片樹林，便讓我流連忘返。

於是，我歸還了從學校圖書館借來的那三十本書，只留下一本在身邊——《金花的祕密》（*The Secret of the Golden Flower*）。這主要是由於受其副標題的吸引：「關於中國生命之書」（A Book of Chinese Life）。從那之後，除非需要便很少再去學校，但每天總是會來到這片樹林，來到這小橋邊，從早晨直到夜晚。

小橋、流水、陽光、樹林，一片草地，遍是野生的花叢……多姿多彩的飛鳥，形形色色的昆蟲，還有那小松鼠，吹來的風，還有我……身處這自然的天地之間。

早晨的陽光，為這樹林帶來一片清新，灑脫一種靈氣。月色下，大地復歸於寧靜，浮光掠影都充滿神祕。若是有精靈的話，那麼，這裡就應該是他們的家。

我能感覺這陽光的照顧，在照顧中的指引；我也能感覺樹林中風的撫慰，在撫慰中的鼓舞；我也能感覺這流水和山石的回響，在回響中的啟迪；我也能感覺月色的寧靜，在這種寧靜中的遐思。每日每時，這裡都有絕美的秋色。歸巢的鳥兒和不曾遠出的昆蟲，伴隨著林中的風聲和水響，演奏出自然的共鳴，匯聚於我心中的感應。

過小橋不遠，林中深處有一棵大樹，我常常過去和它說話。猶如一片不甘心的樹葉，要來尋獲那生長的意義。當我用手撫摸大樹的時候，我能感覺那種內在的關聯。

在這樹林裡，我總是推車步行的。偶爾，我會看到小道上有被踩壓而死的蟋蟀和螳螂。我也總是細心地，把他們的屍體，放去草叢裡，不願意看到他們再被踐踏。

即使只是一片樹葉，只是一隻小小的蟋蟀，竟然也能引發我諸多內在的情感，引發我童年的記憶，引發我以往夢中的體驗。

於是，孤獨中獲得了充實，憂傷也增添了思索的力量。

於是，不知不覺，我這是在「讀書」，在聆聽上帝的垂示。

恍惚之中，我似乎是聽到了回應：「這便是你要的書。」

頓時，我心中充滿感激，頂禮膜拜，為獲得屬於我的書。

森林中的閱讀

自然便是我的書，此時此刻，身在南伊利諾的森林，打開屬於我的書。扉頁上顯現的是我心中上帝的垂示和神的旨意。

我的上帝為我安排了這個地方，南伊利諾的森林。讓我感受離別和孤獨，也在這離別和孤獨中獲得寧靜和滋養，在寧靜和滋養中獲得思考和感受，在孤獨和思考中獲得信心和歸宿。

我也將這閱讀作為我的自我分析。在自我分析未開始之前，我也會去思考那些哲思

◀常與之對話交流的南伊利諾愛德華森林中的大樹

中最基本的問題：從何而來，為何而來，又將如何歸去。我曾一度相信「人是萬物的尺度」，既是存在者存在的尺度，也是非存在者不存在的尺度，這是普羅泰戈拉（Protagoras）的名言。但即使我能理解，仍然需要感受；而在這感受中，則注入了新的理解。或許，自然也是有生命和有意識的，包括我們的地球和整個的生態，包括我所在的這片森林；或者，這種生命已經屬於這種超越性的生命，這種意識，也已經是一種包容與超越了的無意識。人的存在本身，冥冥之中，或許也能被融入那整體生命的長河，而不再是一種孤獨存在者

的孤獨表白。

我喜歡斯賓諾莎（Benedictus de Spinoza），他緩緩向我走來。我的心理學本是由他開啟的，那是他影響我一生的《知性改進論》。我喜歡蘇格拉底，他也總是在我周圍，在這森林深處，詠頌著他從上蒼帶回的自我知識，關於人心的學問。我喜歡的哲學家們多紛紛前來施予教誨。貝克萊（George Berkeley）告訴我，存在就是被感知，對此我是接受的。洛克（John Locke）則鼓勵我的懷疑，追究本性使然或教化所成。叔本華鼓勵我關注於那最初的表象，尼采則給與我那悲情中的昇華和超越。

即使我能接受，但並不能完全明瞭。於是，我只好再度進入我的沉思。行有不得，反求諸己。在沉思中打開了自我分析的第一頁：自然與生命，以及對自然和生命的主動傾聽。我將其稱之為「主動傾聽」，是要反映我們漢字「聽」之意象中的心理分析意義，聽中之心理和理心，聽中之王道和德性，以及「聽之以心」中之「十目一心」和「直心寓德」的意境。

在我當時的日記中，曾有這樣的描述：「西斜的陽光，透過樹林，撒落在這片林中的草叢；風，吹來又散去，片片樹葉飛舞……最為動聽的，莫過於那林中秋蟲的合奏曲，在這深秋的季節，發出那生命的絕唱。猶如嬰兒的哭聲，猶如那嬰兒哭聲中散發的氣息……」

於是，這主動傾聽，也是傾聽那內在的消息。我所經歷的童年，我的最早的記憶。其中，也有如同叔本華所描述的那最初進入我眼簾的世界表象。其中，也有我最初的情感啟蒙，也有我體驗的悲歡離合，也有我的夢，我的挫折和我的成長。於是，我在閱讀我自己，以及在這種閱讀中所進行的自我分析。

所有生命的價值，也在於其生活的意義。而生活的意義，對於我來說，也在於那內心的成長與充實。所有的生命，都有其本性的內涵，都要展現其生命的意義，都有其展現生命意義的機緣。

老子說「出生入死」，其中寓意非凡。詩人泰戈爾說：「讓我死了再死」。作為心理分析師的弗洛姆說：「讓我生了再生」……皆為要參悟這生命及生活的意義。

就這樣，在這傾聽、閱讀和沉思中，我也開始了我的自我分析。其中，似乎也有我自己最初的哭聲，也有那哭聲中飄揚的童年的純真，匯聚於這森林中秋天的合唱。

每天的日記中，也都有我的夢。一九九三年十一月九日，有這樣一則夢的紀錄：

……在黑夜中開啟了一次「荒原」旅行。遇到一個感覺有些「熟悉」的地方，那是我爺爺和奶奶的住處，一個很古老的土房子。我爺爺和奶奶都在，都很老了，但顯得很慈祥。我跪在奶奶的對面，與她學著把頭或臉貼在地面上，反覆三次。夢中給我的感覺，我的爺爺和奶奶，似乎是像原始人一樣生活著。

我本來是由奶奶帶大的。這個夢之後，我又夢到了我奶奶。夢中，有幾個學生圍著她，她在納鞋底。同時她也告訴這些學生說，每一個針眼，也都是一個「情結」，也就是你們所說的「complex」。夢中我十分的詫異，奶奶竟然也會說「英語」。尤其使我意外的，這「鞋底」的英文是「sole」，字形和發音竟然接近於「靈魂」（soul）。

在我的夢中，我也經常修整房屋，養了許多的動物，還有一隻「鷹」；常常夢到「魚」，很大很大的魚，在我童年的池塘；常有一處獨特的古蹟，像一座神廟，背後是古老的大山……我曾在日記中這樣寫道：「在那典型的夢境中，凝聚著一種深層的自我體驗，或凝聚起那心魂的表達……那夢境中的體驗是凝聚的；而我的夢對我說，我是你靈魂的使者，來維繫你和她的交流……」於是，在這南伊利諾的森林，我的夢也已化作我的書和我的閱讀。我也能感覺到，在這特殊的閱讀中，夢將我帶去童年的

在這片森林的小木橋

記憶，伴隨著那只有童年才會有的天真和靈氣；帶去深遠的過去和遙遠的未來，伴隨著真真切切的心有靈犀的感覺……恍惚之間，一個「我」由此而顯現，像一顆種子，也像一個無形的支點。

有的時候，我把這片森林，稱之為「我的花園」。層林盡染之後仍有顏色的變幻，消失了的秋蟲仍然留有那動聽的韻律；無風也有樹葉的飄落，月色伴隨著河中的流光水影。將要離開那裡的時候，那棵大樹要我許個願，我想了想說：「我願我的今天，在心中播下了這顆種子，讓她在這片獨有的天地中醞釀，等待著春天，等待著下一個秋季。」

搭乘西行的火車

台灣國立師範大學的吳武典教授負責組織「首屆華人社會心理與教育測量研討會」，給我發來了邀請。之前我們曾在一個有關心理輔導的國際研討會上相識，竟然一見如故。後得知他曾是錢萍老師的學生，而錢萍又是高覺敷老師的研究生。於是，我們也就有了「同門師源」，獲得了更多的感情交流和學術共識。

由於台灣方面指定我要在洛杉磯搭乘華航的飛機赴台，於是，我購買了從聖路易斯

從火車窗口望去的聖路易斯城的大拱門

到洛杉磯，以及從洛杉磯到台北的機票，著手準備這次旅行。

大陸方面十分看重這次海峽兩岸的心理學交流，派出了由張厚粲領銜的「老中青三結合」隊伍。後來由於張老師時任國務院參事未能赴行，改由中國科學院心科所的淩文銓負責帶隊。

臨行前，羅伯特給了我一個建議。他對我說，若是你願意，還是改乘火車吧，也好欣賞一下這美國的西行歷史和西部風光。

我知道，聖路易斯城的大拱門，當時美國第二高的人工建築（最高的人工建築為美國首都的華盛頓塔），也象徵著昔日美國人開始西行探險的第一道門。探險者在這裡做最後的糧草補給，或許也需要三思而後行；一旦出得此門，便是西出陽關無故人，踏上那物競天擇，適者生存的征途。

於是，我聽從了羅伯特的建議，改為搭乘火車。

一九九三年十二月三日下午，天上下著雨，我乘上從聖路易斯到洛杉磯的西行火車，依然是風雨之中，仍然是日夜兼程。

火車離開聖路易斯的時候已是朦朧的黃昏，隨著火車的前行，夜色也愈加濃郁，窗外的燈光閃過，不時可以見到有那閃爍的聖誕裝飾。

清晨，列車到達Dodge城，一片曠野上的晨光，使人感受到那清新的生機。我下車停留了片刻，呼吸著那陌生而熟悉的空氣。

早晨八點三十分，列車駛過Garden City，不時可以看到窗外放牧的牛群，許多龐大的牧場，漫山遍野見牛羊……列車的另一邊，是那矮小但粗壯的灌木叢，冬日裡落去了樹葉，勾映出那昔日西部的蒼涼。

……列車緩緩駛入洛磯山脈，下午一點到達新墨西哥的一個小城。

一路上，火車兩邊是一個接一個的牧場，一片又一片的原野。直至今日，這仍然是濃濃的「西部」感覺。多有遠見的政府，多麼美好的自然保護。

火車在群山峻嶺間穿行，有時在山頂，有時在山底。山上布滿了積雪，山中的河流漂浮著巨大的冰塊。經過一個很大的國家森林公園，山谷裡奔跑著許多野鹿，不時閃現出看不清楚的野生動物。

下午四點左右，列車停靠在新墨西哥的Lamy小站。我去到車外，感受著這小站的印第安氣氛。遇見幾位看似印第安裝束的原居民在車站擺攤，各種土著用具，包括刀槍長矛和弓箭，也有各種形狀的「捕夢網」，你可以用它來捕獲好夢，避開噩夢，或者是祈求神靈的指引。附近有幾戶人家，竟然也有風車和水車相伴，襯托出一幅生動的夢畫。

列車繼續西行，漸漸又駛入黃昏，重新進入濃濃的夜色。

夢中的頭遇心

一九九三年十二月五日淩晨，仍然是在從聖路易斯開往洛杉磯的西行火車上，我做了這樣一個夢，以下是當時夢的紀錄：

這是淩晨的一個夢。

夢中的我面前放著一張桌子，我坐在那裡，不經意地伸展手臂和身體的時候，雙手抱住了自己的頭。恍惚之間，似乎覺得把頭搖晃得鬆動了一些……接著，我嘗試從不同的角度去扭動這頭，實際上是頭上戴的一個面具，用力將其鬆動了許多，似乎是可以取下來了。但感覺只有一個地方仍然黏連著。最後，我稍微用力，終於把這面具從頭上全部取了下來，將其放在我面前的桌子上端詳。在那黏連的地方，在我頭的右上角，還帶著一些血跡。那面具很厚實、很僵硬，像鐵，也像石膏那樣的感覺。

過了一會，那面具不見了。我用手去摸自己的頭，面具也不在上面。

但此時，當我把手放在頭上撫摸的時候，感覺我的頭仍然可以轉動。於是，我又重複嘗試著從不同的角度去扭鬆我的頭。最後把頭也取了下來，放在面前的桌子上，仔細地端詳著。

很清楚，這是我的頭，我能清楚地看到他，包括我所熟悉的面孔。

然後，似乎是想證實一下或怎樣，我把放在桌上的頭放回到脖子上，很細心地用手摸著脖子與頭的接觸縫隙，感覺還好……

於是，我又把頭從脖子上取下，再度放到桌子上，再度端詳他……

不知道由於什麼緣故我要暫時離開一下。這時，我對站在我身後的一位中年婦女說，幫我照看一下，這是我的頭，我一會就回來。

火車仍然在翻山越嶺，伴隨著有節奏的搖晃和震動；窗外盡是夜色，偶爾閃過遠處寒爍的燈光；竟然也有一輪明月相伴而行，星星布滿天空……

我默默地面對我的夢，許久都仍然沉浸在這夢境中，夢所聚集的氣氛仍然鮮明，甚至讓我驀然回首，看一下身後幫我照看頭的那位中年女性，依稀見到她那會心的笑容。

列車到達洛杉磯火車站，劉耀中（Edward Low）已在車站等候，我就在他家裡住了幾天。耀中是華裔文化評論家，熱衷於榮格分析心理學。他曾告訴我，或許對於別人，榮格及其心理學是一種學術，或者一種工作。但是對於他來說，榮格則是他的生活。榮格的心理分析曾一度拯救了他的生命。

我們大部分時間都是在談論榮格，我也告訴了他我在火車上做的夢。耀中顯得十分激動。他說，夢中和自己的「頭」來對話，這可不是一般的夢。這「夢」在歷史上也曾出現。比如亞瑟王也曾做過類似的夢，大巫師梅林還對此夢有過解讀。

耀中在他的書架上四處尋找有關的資料，看著耀中認真的表情，我報以欣慰的笑容。我知道，這是我的夢。有的時候，夢像一棵種子，既然破土而出，那麼，需要的不僅是解釋，而是悉心的呵護，在這悉心的呵護下必然生長，其意義也將自然顯現。

夢中的面具和傷痕

後來，我的幾位榮格心理分析師也都幫我分析過這個夢。但他們也都遵循心理分析的工作原則，並不予「說破」，而是留給夢者去做自己的感受和體驗。

就我自己夢中的感受而言，取下那鐵似的面具，以及那鐵似的面具與我頭上傷疤的黏連，以至於將面具取下時，撕裂了傷疤帶出血跡，十分生動切入心肺。

我頭上的傷痕是真實的，發生在一九六六年文化大革命開始的時候。一些「造反派」占據了當時的菏澤地委大院，這些占領者們也在我頭上留下了一道真實的傷口。我還記得，媽媽背起我奔去醫院的情景，那也是我對醫院的最早記憶。尤其是頭上被縫了針的傷疤拆線時，疼痛依然刻在心頭。

我曾經想像，需要多長的時間，才能治癒這文化大革命的創傷，治癒這文化大革命給整個中華民族所帶來的創傷呢？或要到什麼時候，這種深深的創傷才有可能療癒。

外在的破壞，甚至是結構性的顛覆，似乎都可能在一定的時間內獲得修復，但內心深處的傷痕呢？文革對人性的肆意踐踏，對道德的無端藐視，對親情的殘酷撕裂，對人格的極盡羞辱……不僅影響了當時的參與者和經歷者，而且還可能繼續影響著以後的數代人，包括在典型的中國人的心理疾病病症中，比如迫害妄想和強迫症狀；包括在以後數代人的噩夢中，都仍然留有這創傷的深深疤痕。

差不多三十年前的事情，已很少出現在我意識的記憶中。但我的夢，或夢中的我，仍然如此生動地記著它，正如夢中流出的血跡，仍然記著這本來不該忘卻的傷疤。

在我三十歲的時候，曾經用「今年三十歲」為主題，記了三個月的日記。而生日那天，似乎是得到了某種恩賜的禮物，感覺到了一種內在的「坦然」，開始面對真實的自己；同時也在表現最基本的真實，逐漸化為求真的努力。再三年，遠渡重洋來到了這美國的南伊利諾……而在此西行的火車上，始取下卡在臉上已久的鐵似的面具。

佛洛伊德的精神分析（psychoanalysis）或榮格的分析心理學（analytical psychology），都採用了「分析」（analysis/analytical）這一詞語的內涵。在西文中，分析也包含了一種「溶解」及其象徵。在這種意義上，最終取下的鐵似的面具，便是一種「心理的溶解」。我夢中的感覺，這鐵似的面具，也包含了我所經歷的「外在教育」，包括其中那些有悖人性的學校教育和社會要求，以及在這種潛移默化的被教育中所逐漸形成的鐵似的面具。實際上，人們不知不覺都戴上了一個假面，生活之中很難再看到真相。

那麼，且不管外在的社會如何，我們本來是可以真實地面對自己的。儘管這種真實地面對自己，幾乎也成了當代人的一種虛幻和妄想，甚至還要為此付出慘重的代價。

榮格的分析心理學以其「積極想像」（Active Imagination）技術而著稱。據說，這積極想像的第一道門檻，便是先要去將固執的意識自我，實際上也就是「頭」，進行某種鬆動和溶解。然後，心底深處的內容才可能湧現。

這已形成了我開始個人心理分析時的印記，當放下了鐵似的面具，觸及到那深沉而久遠傷痕的一刻。

夢中的「心齋」意境

在這頭遇心的夢中，當我面對自己取下的「頭」時，心中有著莫名而奇妙的感覺。伴隨著那夢中特有的氣氛，留下的最為生動的印象，便是能夠清晰地「看」到放置在桌子上的「頭」。莊子之「心齋」意境悠然而現：「若一志，無聽之以耳而聽之以心，無聽之以心而聽之以氣。聽止於耳，心止於符。氣也者，虛而待物者也。唯道集虛。虛者，心齋也。」（《莊子．人間世》）當「頭」被取下放在了桌子上的時候，我所能「看」的，並非是頭上的眼睛，而正是「心中之眼」。用心去看，正如用心去聽，正是「心齋」中所包含的絕妙意境。

莊子也曾入我夢中，給我講述「齊物」的道理：「夫天籟者，吹萬不同，而使其自己也，咸其自取，怒者其誰邪？」那時我隨高覺敷先生在南京讀書治學，進入我夢中的莊子是一位河邊的擺渡人。

夢中，我在一個河邊岸上，等著過河。河面上有一位長者，緩緩撐船而來。靠近一些的時候，我認出這是莊子。

頓時，我心中的尊敬油然而生，驚喜於竟然能夠見到莊子，幸莫大焉。

此時，岸邊過來了幾個人，大聲吆喝著要擺渡，粗言粗語，沒有絲毫的禮貌和敬意。我一邊去制止他們，讓他們安靜，一邊對著莊子說：「您千萬別生氣，儘管這幾個中國人不知道您，不尊重您，但，在整個世界上，整個人類的歷史中，您都是最偉大的思想家……」

莊子示意讓我上船。我妹妹本來跟著我的，但留在了岸上。

在船上，我恭恭敬敬，面對莊子盤腿坐下。

莊子在一個類似茶几的方桌上，擺放了六條木塊。他就用這六條木塊，默然演繹著無盡的道理。「其寐也魂交，其覺也形開；」這是我當時的感覺。「旦暮得此，其所由以生乎？」這是我內在的衝動。看著莊子反覆調整著那六塊積木的位置，恍惚中也聽到了莊子的吟誦：「非彼無我，非我無所取。是亦近矣，而不知其所為使。若有真宰，而特不得其眹。可行已信，而不見其形，有情而無形。」在我的內心深處，種下了「莫若以明」的種子，萬物盡然，而以是相蘊，至此，使我獲益於齊物和物化的道理。

「方其夢也，不知其夢也。」夢中與莊子的親近，不僅使我獲得心智的滋養，也在我內心深處留下某種母性的溫情，為此我充滿感激。

夢為心靈，夢為感應，夢中亦有轉化。夢中的莊子常使我想起靈魂女神賽琪（Psyche）要渡過冥河的情景，但我也知道，夢中的莊子也實為我內在心靈的嚮導。

在我頭遇心的夢中，依然存有昔日莊子的身影。

莊子在講述「心齋」的時候，也正是從「先存諸己而後存諸人」開始的。借顏回與孔子的對話，也提到了「數月的齋戒」。於是，我也把我在南伊利諾森林中的經歷，看作猶如「顏回家貧」之祭祀之齋的準備。如是，始能獲得進入那「虛而待物」的心齋境界。

於是，這夢中之心眼的睜開，也已凝聚了那森林中的感受；體合於心，心合於氣，氣合於神，神和於無……也正是那森林中無形靈氣的使然。「瞻彼闋者，虛室生白，吉祥止止。」若能觀照那空明的心境，總能生出內在的光明，以及由此而引發的如意吉祥。

同樣是在《人間世》中，莊子借助類似的故事背景，由顏闔和蘧伯玉的對話，進一步發揮了這「心齋」中所寓意的心理分析。在先存諸己後存諸人的前提下，要做到「形莫若就，心莫若和」；「就不欲入，和不欲出」。於是，始能做到「用心若鏡，不將不迎，應而不藏，故能勝物而不傷」。

在《齊物論》中啟迪「天籟之音」的南伯子綦，也在此《人間世》中借大木喻神人之祥，匠石在夢中悟獲山木之大用，「見櫟社樹。其大蔽數千牛，絜之百圍，其高臨山十仞而後有枝，其可以為舟者旁十數。」也恰好可以作為心理分析所追求的「自性化」比喻。心齋的意境，山木的莊嚴，莊子所描繪的意象始終相伴於我。從那以後，本來也進入我夢中的「山木」，為我留下「寓於山中置木於水」箴言的「山木」，也便成了我的筆名；其中，也有我在南伊利諾森林中那大樹的身影。

我感謝我的夢，感謝我夢中的莊子，感謝為我孕育了此夢的南伊利諾的那片森林。此夢寓意著我心理分析的開始，以及其中的自性化探索；我也在此夢中獲得了轉化，獲得了心中之眼的視野，完成了「以心為本：心理分析與中國文化」的最初努力。

以心為本的心意

自從有了這夢，我便把前十年所學的西方心理學，歸之於「頭」或「腦」，而把對中國文化心理學的追求，歸之於「心」，歸之於心的超越及其境界。同時，我謹守中庸之道，執其兩端而用其中。老子說：「萬物負陰而抱陽，沖氣以為和」。在這「執中」與「中和」之中，便蘊含了我們心理分析與中國文化（psychology of the heart, and the heart of psychology）的本質和要義。

我一向認為，當我們用中文的「心理學」翻譯引進了西方的「psychology」之後，我們獲得了西方的大腦和意識，但卻丟掉了自己本來的心及其意義。即使是西方的心理治療，也在不同的程度上將大腦作為工作靶的。而對於中國人來說，即使不是心理學家，也都知道「心病還須心藥醫」的道理。縱觀西方心理學的歷史，從生理心理學和心理物理法發端，似乎是有了雙腿，有了精神分析心理學、人本主義、行為主義和機能主義心理學，格式塔心理學，以至於衍生出來的管理和行為科學等，心理學的應用得到了發展，也逐漸了有了軀幹和手臂，似乎是逐一完備，也有了電腦比擬的認知作為心理學的頭顱……但我們要問的是，心理學需要心嗎？

不管西方的心理學家將如何回答，對於採用了漢字「心理學」來標示這一學科的中國心理學家來說，這「心」及其意義卻是我們始終要面對的一個問題。

我還記得一九八九年我陸續採訪國內諸多資深的心理學家時，常常被告知我們之所以使用「心理學」，是出於一個翻譯或理解的錯誤：古代的中國人不科學，不知道腦的作用，以為心能認知，而誤用心來代替腦的功能。我在當時的日記中曾這樣寫道：

……說實話，我是不滿意於這種回答或解釋的。按照這種說法，若是翻譯對了，那麼心理學豈不就應該成為「腦理學」了。你能想像用「腦理學」來代替「心理學」嗎？實際上，這裡決非是咬文嚼字，而是涉及對「心理學」的本質性理解。誠然，我們漢語中的「心」並非只屬於英語中的「Heart」，它有著獨特與深刻的內涵，因此我也總是用「the Heart」來表示；若是你理解了「心」的內涵和意義，就會知道再也沒有比「心理學」更能表現與代表這一特殊學科的文字了。因而，在對「心」之內涵的理解之中，也就必然包含著一種對心理學之本質的追求。因為，心理與生理各具有完全不同的意義，情感既不是單純的「心跳」，也不僅僅是植物神經的波動；思想固非心臟的作用，但也並非只是大腦皮層的神經聯繫。我們的古人用心來表示人的心理和情感，人的靈性和智慧，以及表示人的心靈與精神世界。

依此為基礎，我所追求的，不僅是心的意義，此心意已被遺忘久矣，而且是心與頭的結合，以及在這種結合中新的超越性意義。當我用英文表達的時候，用的是「Psychology of the Heart, and the Heart of Psychology。」這也便是我們後來的「以心為本：心理分析與中國文化」的種子和萌芽。

在南伊利諾的森林，當我尋獲了屬於我的書，開始閱讀，開始自我分析時，無意中將一本書留在了身邊，似乎是要作為參考或見證。這本書就是榮格和衛禮賢合著的《金花的祕密》，其副標題赫然標示的是：「關於中國生命之書」。

我也將此書從頭到尾讀了一遍，並在日記中作了這樣的紀錄：

> ……數月之間，這本《金花的祕密》一直在我身邊。這是榮格與衛禮賢的合著，副標題為「關於中國生命之書」。讀完該書，我尚沒有發現「金花的祕密」，倒是發現了榮格分析心理學的祕密，那就是其與中國文化的深刻淵源。於是，恍惚之中我已

獲得了一把鑰匙，一把可以打開榮格分析心理學會大門的鑰匙。同時，這把鑰匙，對我來說，也是能夠開啟中國文化心理學意義的鑰匙。

榮格在《金花的祕密》中曾這樣表達：為了獲得自由的（心性）發展，他們（中國的道家智者們）是如何做的呢？我在這《金花的祕密》中所能看到的，便是「無為」，無為而為，順其自然，讓事物自發呈現；這正是呂祖（呂洞賓）在我們《金花的祕密》中的教誨……讓事物自發呈現的藝術，為無為的態度，「吾喪我」的狀態……成為我打開治癒之道的一把鑰匙。我們必須能夠讓內心深處的事物自發呈現。對於我們來說，這是一種尚不為人所知的藝術。這種被榮格稱之為「尚不為人所知」的東方藝術，也正是榮格對其分析心理學核心技術之積極想像的發現和表述。

於是，冥冥之中，在這南伊利諾的森林，榮格和衛禮賢也就把這「打開治癒之道的鑰匙」交給了我。

在南伊利諾森林裡所獲得的這把鑰匙，隨後一直伴隨著我，不管是在美國、中國還是在瑞士的榮格學院。從一九九八年開始的「心理分析與中國文化國際論壇」（一九九八／二〇〇九），我

1993年在美國洛杉磯榮格心理分析學院，從此開始了榮格心理分析的專業研習和訓練

國際分析心理學會（IAAP）訪問中國（1994）

左起：許尚俠，廣東省心理學會理事長；湯瑪士・克許，IAAP主席；顏澤賢，華南師範大學校長；默瑞・史丹，IAAP秘書長；申荷永；李巨才，華南師大心理系系主任

的幾次主題報告也都與這美國南伊利諾森林中的傾聽、閱讀和沉思有關。我稱《金花的祕密》是將我引向榮格心理分析的導航書，稱之為幫我打開榮格分析心理學大門的鑰匙，一直伴隨著我的心理分析研習與實踐。

一九九四年我邀請湯瑪士・克許和默瑞・斯丹等人的那次訪中，被稱之為「分析心理學發展的歷史性事件」[1]，並由此為分析心理學在中國的發展以及「心理分析與中國文化國際論壇」奠定了基礎。

[1] Murray Stein，IAAP Visit China. IAAP Newsletter, 1995; Thomas Kirsch, The Jungians: A Comparative and Historical Perspective. Routledge, 2001, P. 220-221.

03 尋夢波林根

一九九九年十二月，冬天已經降臨蘇黎世，舉眼望去盡是皚皚雪影，銀妝素裹，湖水顯得更為湛藍，平日的野鴨和季鳥已經少見，只有天鵝依然在湛藍的湖水中游曳。

阿爾卑斯山也已由初雪所籠罩，在冬日陽光的輝映下越發迷人，神采奕奕。瑞士人常常以阿爾卑斯山為傲，那也是他們的神聖與靈性的寄託。阿爾卑斯的雪山和冰川孕育和滋養了瑞士境內的蘇黎世湖和日內瓦湖，以及與德國和奧地利共用的博登湖，延伸至義大利的馬焦雷湖，以及流遍歐洲的萊茵河、羅納河、波河和多瑙河……淵淵乎其若海，巍巍乎其若山；山水相連，氣象萬千，以美麗利天下，依然是心靈的滋養，啟迪著靈感和創造。

夢到榮格

就在這冬日時節，當我在蘇黎世榮格研究院進行了三個月的心理分析研習之後，第一次夢到了榮格。

夢是從我住的北塞塔（Bethesta）的山坡上開始的，我看到約翰．畢比從遠處走來，身上穿著我的大衣。他告訴我大衛．羅森[1]來到了蘇黎世，我可以去看看他。

我與羅森在旅館裡，一起談論榮格和心理分析，談得很晚，感覺有些疲勞……次日醒來（夢中），我告訴羅森，我夢到了榮格，榮格帶我去了他的地下室。想到這正是在蘇黎世，我就想讓羅森帶我去看望榮格。

夢中羅森告訴我，榮格是很有名的，很難找到機會去看他。我說，「你不是很有名的榮格心理分析師嗎，還寫了《榮格之道》的書，你幫我聯繫嘛。」他猶豫了片刻又說，「實際上榮格已經很老了，老得說話都不清楚了，去了也沒有什麼用的。」

但我仍然鼓動和督促羅森幫我聯繫，至少是打電話過去試試運氣。無奈之下羅森去打電話找人聯繫……

1 大衛．羅森（David Rosen），美國德州A&M大學榮格教授，《榮格之道》的作者。

過了一會，羅森過來興奮地對我說，「你有運氣，榮格同意見我們。我們可以去看他了。」

於是，我們一起去了波林根[2]。石頭的建築，石頭的牆壁，進去裡面也是圓形的石壁……能夠讓人真切地感覺到波林根的氣氛（儘管在這夢之前我並沒有到過波林根）。榮格坐在那裡，在我的右手邊；我面對他坐著，羅森在我的左手邊。大部分時間都是榮格在講話，榮格談了很多與中國有關的事情。他看上去六十歲左右的樣子，十分健談。其間我看了大衛一眼，意思是想說，「你看，榮格並不老嘛。」過了一會，我又看了羅森一眼，是在示意他應該拍一張照片。

我和榮格談了很久，後來有人過來輕輕地敲門，告訴榮格說他的另外一個約會的時間到了。榮格站起來，讓我跟他去了他的書房。到了書房，榮格打開書桌後面的牆櫃，在牆櫃的左側掛著幾把長長的黑色的鑰匙。他指著其中一把說，「那是地下室的鑰匙，我不能陪你去地下室了，你可以用這鑰匙自己去。」

我看著牆櫃問榮格，「那其他的幾把鑰匙有什麼用呢。」榮格說，「什麼用也沒有。」

大概是榮格看我似乎沒有聽明白，便解釋說，只有他告訴我的那把鑰匙有用，是真的，其他的鑰匙是作為「偽裝」來保護這把真鑰匙的。我仍然帶有困惑地說：「它們看上去完全一模一樣的啊。」榮格對我說：「你去摸一下就知道了。」我一隻腳踏在榮格的書桌上，用手逐一去觸摸那些掛在牆櫃裡面的鑰匙，感覺到了其中的不同。真的就是真的，也真的是只可意會不可言傳。

……

榮格送了一件禮物給我，但已記不太清是什麼了。

夢的後面仍有很長的內容，我記得拿著榮格給我的鑰匙，去到了地下室的門口。地下室的洞口朝南，入口處與我身高差不多，面對地下室門口的情景給我留下了深刻的印象。

後來，大概是我從地下室回來了，榮格也結束了他的工作。

我送了一件禮物給榮格，是我自己做的一個盒子。夢中，我也不知道這盒子能做什麼用，或許可以放名片在裡面吧，但又顯得長了一些，寬一些。但這盒子是我自己動手做的。我也看到，在榮格的書桌上，已經有幾個類似的盒子，或是別人送的，或是榮格自己做的。盒子的上面總有一些照片，我還看到有一個盒子上印著的照片，大概是榮格見過的中國人，或與衛禮賢有關，另一個盒子上的照片看似一個亞洲的孩

[2] 波林根（Bollingen），瑞士蘇黎世湖的盡頭，榮格晚年隱居的地方。

子，還有另外一個盒子上，印的似乎是山湖[3]的照片。

這夢很長。我的心理分析師亞考畢曾用心幫我分析過這個夢，體現的是榮格的積極想像。我也曾將此夢帶給漢德森老師，求教他夢中的意義。波史奈克和魯西克（Louis Vuksinick）也都幫我分析過這夢中的情景和意象。當我們工作的時候，這夢境依然歷歷在目栩栩如生，依然在呈現其生動的內涵。即使是在二〇〇九年的冬季，當我在洗心島撰寫本書的時候也依然如此。

感受性聯想

初次在夢中與榮格相遇，這是我接觸榮格分析心理學十六年，從事心理分析研習七年後第一次與榮格有關的夢，也是我在夜裡三點三十分左右起來記下的。在深夜記夢的時候，我先寫了這樣一段文字：

玻璃窗上布滿一層厚厚的霜，霧氣重重，告訴我窗外是一個寒冷的世界；夢中隱約出現一個孩子的身影，一個充滿靈氣的孩子；他讓我抱抱他，在我去抱他的那一刻，他似乎是告訴我，我也能感覺到，他所帶來的寒冷……

接著，在夢境依然鮮活的情景下，我讓自己沉浸在夢的氛圍中，繼續感受夢中的氣氛和意象……有關的自由聯想不斷浮現，繼續著意象體現的對話和交流。

1. 榮格書房牆櫃裡面的鑰匙，給我似曾相識的感覺，我感覺我是熟悉它的，尤其是摸著它們的時候。這長長的鑰匙，尤其是真的那一把，在感覺上，與我之前的夢中扎在腳上的鐵釘[4]有關。

2. 夢中的氣氛，儘管是在波林根，身在異國他鄉，但由於榮格的出現，以及榮格自己的建築，出現在夢中的榮格，他的表情以及夢中榮格的朋友……都讓我湧出想家的感覺，許多情感和鄉土的牽掛，想著早些回國，一種特別的感情牽連。

3. 夢的開始遇到了約翰．畢比，接著大衛．羅森的加入，以及夢中我很想讓大衛去拍照……那麼，大概他們兩人的夢中意象，也就具有引領和見證的作用。畢比是榮格心理分析學界中公認的「中國專家」，其代表著作是《品德深度心理學》，

[3] 山湖（Mountain Lake），美國印第安人酋長，榮格的朋友。

[4] 這鐵釘是長長的、黑黑的那種，不是一般的小鐵釘。

書的封面用了甲骨文的「德」字；而羅森則撰寫了《榮格之道》，封面上正是中文篆體的「道」。或許，我的夢，也是在告訴我，並且已經呈現出，在面對「榮格」的時候，自己文化中這「德」與「道」的相隨和陪伴的意義。

4. 亞考畢是我在蘇黎世的主要心理分析師，那麼，夢中的一些情節總是與他有關的。亞考畢是蘇黎世榮格學院最早的一批學生，那時榮格還常來研究院上課，而亞考畢也常被邀請到榮格家中參加聚會，並總是會在聚會中為大家拉小提琴。亞考畢本來是蘇黎世著名的音樂家。

5. 夢中榮格書房的牆櫃，是凹進牆身形成的儲物櫃，也曾出現在我之前的夢中。我曾夢到童年的自己躺在父母的床上，望著一個類似的牆櫃。而牆櫃裡掉落下來的玻璃器具，傷到了我的腳……

6. 恍惚之中，這榮格書房牆櫃裡面的鑰匙，似乎與我一九九三年在美國愛德華鎮森林裡的自我分析體驗有關，尤其是當時《金花的祕密》所帶給我的感覺，當時感覺所獲得的是可以打開榮格分析心理學大門的鑰匙，以及同時能夠開啟中國文化心理學意義的鑰匙。

許多心理分析師，在做夢的工作時總是喜歡問：「那你的感覺如何呢？」並且隨之進行一些最初的自由聯想，捕捉可能的心理分析線索。

我曾在《心理分析入門：我的理解與體驗》中，為「自由聯想」的使用，為發揮自由聯想法的效果，確定了四個條件：「情境性」、「貫注性」、「自發性」和「自主性」。我總是在夜裡便將夢記下，同時記下自己的感覺和聯想，稱之為感受性聯想；那時夢的氣氛依然生動，夢中情景依然栩栩如生，因而感受與聯想也愈加真切。當完成了這夢的紀錄和聯想之後，我也能感覺那濃郁的夢的氣氛逐漸消散，消散回歸於我的身體。在這種體驗的基礎上，我把夢以及無意識，看作與身體和身體記憶（或稱之為細胞記憶）有關。有一次在與波史奈克交流的時候，我們都有這樣一種看法：所謂的無意識，包括夢中的意象，或許也包含了身體意識和身體的感覺。

於是，我們的夢的工作技術，也就在佛洛伊德之自由聯想和榮格之積極想像的基礎上，發展為感應心法和意象體現。感應，不管是人際之間還是天人相感，總是所有心理分析的內在基石和關鍵所在；對於意象體現，我則用「體認—體會—體驗—體現—體悟」來描述其過程。韓非子曾有言：「德者，得身也……保其身者必且體道，體道則其智深，其智深則其會遠，其會遠眾人莫能見其所極。」（《韓非子·解老》）

在這樣的一種工作中，我們所注重的是無意識以及夢中意象的自發與自主表達，是一種幾近真實的意識和無意識的對話和交流；隨著交流逐漸深入或融入，夢中意象之意義也逐漸顯現。於是，我們的夢的工作，也就不僅是用意識整合無意識，而是更為注重對無意識的感受，感受無意識中所包含的生命意義以及其中的心靈境界。

北塞塔

「榮格入夢」是從「北塞塔」開始的，從「夢的開始」來開始夢的工作，也是許多心理分析師的自然選擇。

我把我住的地方稱之為「北塞塔」，看似此處地名Bethesta的音譯，卻也賦予和體現了其漢字的原型和象徵意義。「北」，對我來說，總是與北方，以及北方之水，和北方的冬季有關。正逢蘇黎世的冬天，這也是其中的巧合和自然的聯繫。

北者，背也。《易經．艮卦》有「艮其背，不獲其身；行其庭，不見其人；無咎」之說，這對我有著許多影響。在我的心目中，這「艮其背」總是與《易經．咸卦》之「咸其脢，無悔」有關，包含著莊子悉心的教誨和《易》之「無心之感」的啟示。

莊子有「知北遊」，以「知」之北方遊歷為線索，闡發了「通天下之一氣」的生死觀以及其中「凝聚」與「治癒」的道理。對我來說，這「知北游」，依然包含著「無心之感」的寓意。我對漢字中的「北」與「人」、「從」、「比」和「化」等意象，總是充滿聯想。

北塞塔之「塞」十分古樸，從其甲骨文字形便可看出，小篆體則顯得莊重完整。莊子在其「知北遊」中說，「道不可聞，聞不若塞。此之謂大得。」將此「塞」字用得十分的巧妙。「塞」有邊塞和蔽塞的含義，但也有充實和充滿的內涵。《詩經．鄘風》中有「秉心塞淵」的詩句，我也將其運用在我們心理分析的過程中。

「塞」中也有「穴」之意象，與「竅」、「窈」、「冥」等漢字有關聯。我常將在「北塞塔」的住處形容為住在山裡或山洞裡，其中也恰如「塞」之意象。老子曾有「道之為物，惟恍惟惚；惚兮恍兮，其中有象；恍兮惚兮，其中有物」之說，我也據此將「恍惚」作為心理分析的途徑，並與其中的「窈兮冥兮，其中有精」來配合使用，作為探賾求索，探求無意識的指引。

「塔」字有累土之象徵。在《說文解字》中被注為「西域浮屠也」。佛塔常有鹿影和飛雁之象，正是我夢中的氣氛和感覺。佛塔俗稱寶塔，常用來藏經，這也是我從小對「塔」的印象。

亞考畢提醒我說，榮格也是住在「塔」裡面……亞考畢總是很喜歡聽我對夢中意象的「漢字聯想」，自己也常常去查閱西文中有關漢字的解釋。他所說的「榮格住在塔裡面」，也正是指榮格在波林根的塔樓。

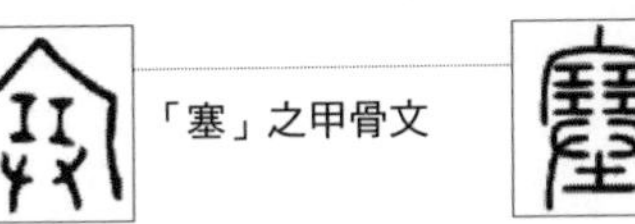
「塞」之甲骨文

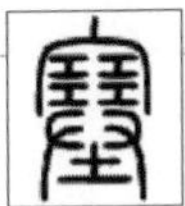
「塞」之小篆體

「是啊」，我充滿感嘆地回應。

於是，這夢的開始，已是與夢的發展和呈現，以及夢中的生命息息相關。心理分析之夢的工作，十分重視夢的開始，以及夢開始時的環境和背景，以及夢之生成的可能準備。

夢的準備

有時，夢看起來好像是不期而遇。但總是我們為了一個夢，要做許多的準備。

當「學生」準備好了，「老師」就會出現。對此我深有體

吐魯番交河古城中的大佛寺和佛塔

1999年冬季的北塞塔窗外

會，正如我在美國南伊利諾愛德華鎮森林中的經歷，自然的閱讀和數月的沉思，以及隨後獲得了那夢中「頭遇心」的對話，以及隨後有關「心齋」的夢境和體驗。

與亞考畢一起做心理分析的時候我告訴他，這是我第一次夢到榮格。說話的時候依然帶著喜悅，對於初次在夢中與榮格相遇著實讓我興奮不已，那夢中的一切依然栩栩如生，尤其是榮格的神態與表情。

亞考畢看著我，也表現出他那關切和若有所思的模樣。榮格心理分析師總是注重夢的感受的，我知道這也是他在給我時間，讓我在這種氣氛中去感受那夢中的感覺。「那麼，為什麼是現在夢到榮格呢？」我能從亞考畢的表情中，讀出這樣一種思緒。

亞考畢知道這已是我實際接觸榮格與分析心理學的十多年之後了。除了一般意義上的心理學史和精神分析史的學習，一九八五年劉耀中應高覺敷老師之邀在南京師範大學講授榮格，而恰好讓我擔任翻譯，那便是我對榮格加深印象的開始。一九九三年在美國南伊利諾愛德華鎮森林中的自我分析，獲得了被我稱之為打開榮格心理分析之門的鑰匙。我甚至認為，那是一把具有雙重作用的鑰匙，同時可

與心理分析師馬利奧·亞考畢合影

以打開中國文化心理學的大門。正是有了這把「鑰匙」，一九九四年國際分析心理學會正式訪問中國，開啟了榮格心理分析在中國的專業訓練。而我在一九九五年被邀請參加蘇黎世的國際分析心理學大會，隨之帶動了國內心理分析的發展。

那麼，在這十多年的求學過程中，儘管逐漸以榮格及其分析心理學為主題，竟然從未夢到過榮格，也從未想過要夢到榮格。

尤其是這次來到蘇黎世，在最初的三周中，我幾乎每天都觀看和閱讀有關榮格的錄影與視頻資料，許多都是庫斯納赫特（Kusnacht）榮格學院的特別收藏。每天都走在榮格曾經走過的湖邊小路，尤其是經過那座小橋，踏在石子路上的感覺格外生動，常常有踩到了榮格腳印的感觸，因為那正是榮格當年幾乎每天都要走過的路。我也曾走去庫斯納赫特的新教教堂，去感受歸於自然的榮格，在那裡做我的寧靜中的陪伴。也常常在傍晚散步走過榮格故居的房屋，總是不由自主地望去那樓上的燈光，想像著憑藉這燈光感受當年榮格的思想……整整三個月的時間，也許便是為了這樣一個夢的自然「準備」，或者說，正是有了這三個月的「準備」，也猶如真實的「心齋」過程，榮格本人始出現在我夢中，與我夢中相見。

這讓我聯想到這次來到蘇黎世的第一天所發生的一件事情。

相遇蜜蜂

那是一九九九年初秋的一天，我接受了國際分析心理學會的資助與安排，從廣州來到蘇黎世榮格學院進修。仍然是早晨五點多便到達蘇黎世的班機，時任蘇黎世榮格學院院長的布麗奇特．斯皮爾曼（Brigitte Spillman）在機場接我。我們先到了庫斯納赫特的榮格學院，然後就去了榮格家，禮節性地拜訪……然後才把我送來這「北塞塔」，也正是這與榮格相遇之夢開始的地方。

忙碌了漫長的一天，我安頓好便早早睡下。但有一隻嗡嗡叫的飛蟲，不時俯衝至我耳邊。

起初，我仍然像我平時的態度，它飛它的，我睡我的，想著讓自己靜下心來，不受外在的干擾。一般來說，即使是蚊子，我也不去打它的。但這隻飛蟲的叫聲也實在誇張，尤其是在我幾近睡著的那一刻。於是，我起身打開窗戶，想著請它出去。

我才發現，這是一隻蜜蜂。它四處盤旋，怎麼也不肯飛出窗外。後來，我用一張報紙作為武器，幾費周折才讓它飛了出去。

大概是由於時差的緣故，早晨很早就起來了。我打開窗子，清晨的秋風帶著寒氣迎面而來，窗臺上也已留下一層白霜。

灑掃房間之後，回身去關窗戶時，我發現窗臺白霜之上有一個蠕動的黑點，仔細看了一下，正是昨晚被我趕出去的蜜蜂。

一夜秋寒，已把它凍得難以動彈。

我頓時覺得好內疚，馬上想著把它弄進屋來。

但寬大的玻璃窗不能全部打開，而它又在我手臂觸及不到的地方。後來，仍然是用那張報紙，卷起一個紙筒，放在了它的面前。大概是受報紙所帶溫度的吸引，這蜜蜂緩緩地爬在了上面，我小心翼翼地將其帶進了屋裡。

我用手帕為這蜜蜂鋪上一張床，它在暖身之後，便開始高興地在屋裡飛來飛去，依然發出嗡嗡的響聲……

我打開電腦工作，這蜜蜂也常常停落在我的鍵盤上，轉動著它那骨碌碌的大眼睛，不時搧動著它那透明的翅膀……我知道這是它在對我說話。

我們兩個也就這樣在這「北塞塔」相依為伴。

……

此刻，當這蜜蜂生動再現，所攜帶的氣氛和感情也湧現出來的時候，讓我聯想到我在記錄榮格入夢時的那段話：

窗上全是厚厚的水珠，布滿霧氣，告訴我窗外是一個寒冷的世界；夢中隱約出現一個孩子的身影，一個充滿靈氣的孩子；他讓我抱他，在我去抱他的那一刻，他似乎是告訴我，我也能感覺到，他所帶來的寒冷……

難道，那夢中的孩子，那夢中充滿靈氣的孩子，正是這蜜蜂的化身。

茹思・萊德葛

隔日，我去看望我原來的房東茹思・萊德葛（Ruth Ledergerber）。她是榮格學院資深的心理分析師，我和高嵐一九九五年第一次來到蘇黎世的時候便住在了她的家裡。茹思仍然建議我住在她那裡，但我說在北塞塔挺好的，可以就近與一些同學多些交流。當時榮格學院大約有一百多位學員，來自四十七個不同的國家。而且，我告訴茹思，說我養了一個寵物。

茹思信以為真，帶著驚異的表情問：「從中國帶來的？」

我笑答不是，然後告訴她有關那隻蜜蜂的故事。

然後我對茹思說：「你還記得嗎，幾年前我第一次來到蘇黎世，住在你這裡的時候，曾告訴你，我第一次夢到了蜜蜂。儘管當時百思不得其解，但這蜜蜂又飛回來找我了……嗯，應該就是那多年前飛入我夢中的蜜蜂，或許，它一直在等待著我的歸來……」我不無得意地敘說著。

茹思則顯得若有所思，帶著一些顧慮的表情。

過了一會，茹思對我說：「荷永，這是蘇黎世的秋季，天已轉冷，這裡的蜜蜂過幾天便會死去的……」作為心理分析師的她，是要讓我為我的寵物做好心理準備。

茹思見我顯出困惑的樣子，便建議說，我們到河邊去走走吧。

蘇黎世人喜歡散步，尤其是喜歡繞著蘇黎世河散步。河兩岸的堤道上，有著高大的白樺和紅杉，也有低頭垂絲的楊柳；流淌的河水帶著其固有的阿爾卑斯山脈的氣息，觸礁拍岸，聲聲入耳，激情蕩意。

我也喜歡這奔流不息朝氣蓬勃的蘇黎世河，曾幾次下水去游泳，與它也是多了些許的親近。

茹思問我：「你這次過來蘇黎世做什麼？」

◀茹思家的河邊

我對茹思的發問感到詫異，難道她不知道我是要用兩年的時間來這蘇黎世的榮格學院接受專業訓練的嗎？我回答說：「我過來學習榮格心理分析啊，這裡可是榮格分析心理學的大本營。」

茹思仍然再發問：「這我知道，那你過來蘇黎世要做什麼呢？」茹思本人也正是蘇黎世榮格學院資深的執教心理分析師。

我看了一下茹思，見她依然是嚴肅的表情，於是我想著解釋說：「我想我能成為一位出色的心理分析師……」

茹思接著說：「這我知道，你會是優秀的心理分析師。但是，你想過沒有，你過來蘇黎世要做什麼呢？準備如何學習呢？」

後來我始知道，茹思之所以這樣好奇而認真地反覆問我，是因為在瑞士榮格心理分析

學院，他們所要學習的，本來就有我們的中國文化和中國哲學。幾乎所有的榮格學者都嚮往東方，包括茹思。她為了她自己的一個夢，夢中她身在中國西藏，與幾位喇嘛有著夢中的對話……隔日便搭上飛往中國拉薩的班機，開始了她尋夢的東方之旅。

同時，茹思也是在告訴我，心理分析的學習，本應為一種自我探索，需要注重內在的體驗和感受，尤其是我們的夢。夢中，依然有真實的心靈的存在及其意義。

蜜蜂的寓意

一周後，早晨起來，我發現我的蜜蜂躺在電腦的鍵盤上，一動也不動。我守護了它很久，整個上午都在守護著它。

後來，我的蜜蜂真的死去了。

我為它做了一個儀式，做了一個盒子安放它，將它葬在了北塞塔山坡上的一棵松樹下。難得它飛入我夢中，難得它如此有情前來陪伴。此生有緣相遇，相遇便有永恆。

……

後來，當我與亞考畢和漢德森等一起工作「夢到榮格」的夢時，我始知道，我為我的蜜蜂所做的這個盒子，或許，也就是我夢中去送給榮格的禮物。

儘管我已不記得在我送給榮格的盒子上印的是怎樣的照片，但我可以想像，若非和我有關，便是我的蜜蜂。

我很喜歡下圖這張蜜蜂的照片，常常端詳它。或許，我夢中的蜜蜂，也是從克里特島上飛來的。

克里特島是歐洲文明的源頭和心臟，那是大神宙斯生長的地方。傳說中的主神宙斯，出生後被拯救在克里特的洞穴中，其童年也是在克里特島上度過的。在克里特的山洞裡，宙斯獲得了山羊的照顧，由蜜蜂的蜂蜜滋養成長。於是，在西方文化中，這蜜蜂和蜂蜜，也就具有一種特殊意義的滋養，一種孕育和重生的力量。

在蜂蜜的意象中，也包含了鮮花、採集、醞釀和轉化……也能給人許多聯想和啟迪。西方的酒神和醫神，也都與蜜蜂和蜂蜜有關。初生的酒神狄奧尼索斯，也是在克里特的洞穴中由蜂蜜滋養長大。

蜜蜂所醞釀的蜂蜜，在遠古的舊石器時代便已是人類的食物和營養品，這不僅是生命之生理需要，也是生命之心靈的需要。蜂蜜之甜美引發與滋養了人類愛美之心、陶醉之情，以及與此有關的精神需要。

於是，蜜蜂也便具有心靈以及生命的象徵意義。「蜜蜂常常作為靈魂的象徵，當軀體死亡後，作為靈魂象徵的蜜蜂飛向了天堂。」[5]在

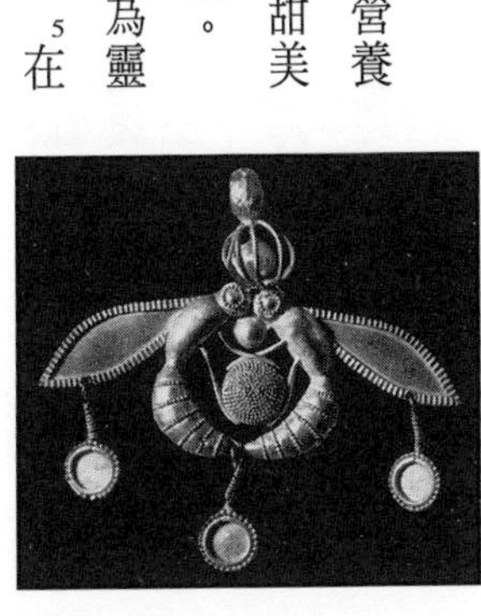

這是在克里特島上發現的「金蜜蜂」，西元前1700年左右，兩隻蜜蜂守護著蜂巢，象徵著生命的孕育和滋養。

「蜜蜂」的小篆體

《原型象徵百科全書》中，作者也提到，實際上蜜蜂的聚集和蜂箱本身便是一種現實心靈的生動象徵，看似複雜的整體，孕育著一個明確的目標和意志，支援和維繫新生命的和諧與平衡。

不僅如此，人類賴以生存的千餘種植物，幾乎都需要由蜜蜂來授粉。據說，愛因斯坦曾經預言，如果蜜蜂在地球上消失了，那麼人類的末日便已不遠。很遺憾，人們並沒有接受愛因斯坦的忠告，早已把蜜蜂忘在了腦後，諸多人為因素導致環境與生態的惡化，也已使得蜜蜂難以生存，逐漸在消失。於是，進入我夢中的蜜蜂，相伴我於北塞塔的蜜蜂，也在用其生命傳達著一種特殊的消息。蜜蜂之於我們，本來息息相關。

這是我們漢字篆體的「蜜蜂」，在其栩栩如生的意象中，依然留給我們許多聯想，仍然需要我們的深思。

我夢中的蜜蜂，融入了我心靈，也被我帶回洗心島。我在洗心島特意留置了一些蜂箱，等待著我夢中蜜蜂的歸來。

「蜂蛾微命，力何固？」這本是屈原《天問》中的詩句。我夢中的蜜蜂，你魂兮歸來！「粔籹蜜餌，有餦餭些。瑤漿蜜勺，實羽觴些……」《楚辭》之「招魂」，也是心靈之呼喚，也有我夢中蜜蜂之身影。

去君之恒幹，何為四方些？
舍君之樂處，而離彼不祥些。
魂兮歸來！君無上天些。
人有所極，同心賦些。
魂兮歸來！何遠為些。
魂兮歸來！反故居些。
掌夢何難，為君招魂。

約翰・畢比

夢中，「約翰・畢比從遠處走來，身上穿著我的大衣。他告訴我大衛・羅森來到了蘇黎世，我可以去看看他。」

畢比是舊金山榮格學院的院長，資深的榮格心理分析師，同時也

[5] 出自《原型象徵百科全書》（*An Encyclopedia of Archetypal Symbolism.*）Beverly Moon, Shambhala, 1997

洗心島的蜂箱

是國際分析心理學會中引以為傲的「中國專家」。他父親曾為中國民國政府時期的專家顧問，畢比少年時期曾隨父在南京生活，長大酷愛中國文化，對於《易經》、道家哲學、宋明理學等深有研究。

我們第一次見面是一九九七年在美國的舊金山。湯瑪士．克許夫婦帶我和高嵐去看望瑪麗．喬．斯賓塞（Mary Joe Spencer），參加漢德森的九十三歲生日聚會。畢比和亞當（Adam）也專程趕了過來。

湯瑪士、瑪麗和畢比都是漢德森的學生，都在漢德森那裡接受了很長時間的心理分析。那也是我第一次見到漢德森。他說他讀了我寫的《以心為本：中國文化心理學心要》（*Psychology of the Heart and the Chinese Culture*），並給與了積極的評價，那是我此前不久在愛諾思（Eranos）東西方文化圓桌會議上的主題報告。對此，畢比顯得十分有興趣，他向我要了一份論文，並約我去他家裡深談。

我還記得，十多年前在畢比家中，他送我其代表作《品德深度心理學》，封面上儼然用了甲骨文的「德」字，異常醒目。他問我用中文應該如何來表達，我當時的回答是：「我可將其表達為『德行深遠』。在中國文化中，德是人格和心性完整的體現，德常被稱之為德行，道德也為品行。夫德行者，在心為德，施之為行。於是，根植於內，發揚致遠，圓融完整，可謂『德行深遠』。」

畢比饒有興致地聽著，頻頻點頭贊許。

我接著說：「儘管在西方，包括在我們心理分析的圈子中，中國『道』的概念尤其重要，備受關注，但人們有意無意地忽視了其中的德性及其意義。老子的書本來叫做《道德經》，這『道』與『德』如影隨形須臾不離。而在馬王堆出土的帛書《老子》中，其〈德經〉在前〈道經〉在後，對於『德』以及〈德經〉的內涵更是引人注目，更加顯示了其中對於心理分析的意義。莊子有〈德充符〉，所表達的也正是德充於內而符應於外的道理。」對此畢比似乎是遇到知音，以後常約我到他家交流心得。

我知道畢比喜歡《易經》，幾近如癡如醉，六十四卦倒背如流，三百八十四爻默記於心，堪稱《易經》高手。有一次，我們在他家談《易經》，恰好六位朋友圍席而坐，其中陰陽有分動靜各異，悠然可現不同的卦象。我告訴他這也可算是邵雍之「梅花易術」的發揮。於是，畢比專門讓我為他的學生講授《易經》，後來我們兩人也曾合作共同為舊金山的榮格心理分析師們做關於「《易經》與心理分析」的工作坊。

一九九八年，我們組織第一屆心理分析與中國文化國際論壇的時候，畢比作為國際分析心理學會的代表來到中國，發表了熱情洋溢的演說，稱自己是帶著一種朝聖的心情來到闊別四十年的中國，來參加首屆「心理分析與中國文化國際論壇」。他用《易經》之三十四卦「大壯」作為開始，發揮了其中「羝羊觸藩，不能退，不能遂」和

「無攸利，艱則吉」的意象，結合自己最初的心理分析經歷，描述了他所感受到的分析心理學與中國文化之接觸與整合的感受。

我曾設想用《易經》之「咸卦」作為「心理分析與中國文化國際論壇」的徽章，因為其中所蘊涵的正是被我稱之為中國文化心理學第一原理的「感應心法」。於是，感應意象就此湧現，我與畢比一起，經歷了其中所蘊涵的「心靈的真實性」：從初六之咸其拇，六二之咸其腓，九三之咸其股……以至於九四之感於心，其意象和意義皆真實而生動地呈現於我們第一屆心理分析與中國文化國際論壇期間。而《易經》咸卦的第五爻，九五咸脢之無悔，以及其中所蘊含的無心之感的境界，也由此播下了種子，伴隨著我的心理分析體驗和實踐。

畢比告訴我，他最初去見漢德森的時候，是將其有關道家仙人的理想化意象投射在他的分析師身上，但是，漢德森並沒有隱藏在被投射的智慧老人的背後，而是真誠地呈現了真實的自己。畢比告訴我，這是他從漢德森那裡所學到的有關心理分析最為重要的內容。而他堅信，關於這一點，漢德森是從榮格那裡學到的，而榮格則是從老子和莊子那裡學到的。

與約翰．畢比在第一屆心理分析與中國文化國際論壇（1998）

這也是畢比一直對我的鼓勵，與無意識的溝通需要有傳統文明態度的保護和伴隨，於此，中國文化可謂得天獨厚。

畢比曾對我說，中國正是適合榮格心理學發展的國家。你們可以給予我們的比我們可以帶給你們的還要多。他還曾語重心長地說：「由於中國文化為人類貢獻了《易經》，作為中國人可以值得永遠的驕傲……」

夢中的畢比，正是穿著我的這件大衣。對我來說，這已不僅是一件外衣，也常被我當作「被子」，尤其是中午在研究院休息的時候。歷時多年，總是跟著我，也跟著我經歷了心理分析的體驗。

那麼，畢比出現在此夢中，又寓意如何呢？他的背景和他的人格，以及我們之間的交往和聯繫，都可能是夢中的「約翰．畢比」所要表達的潛在意義。在諸多的榮格心理分析師中，畢比是更為瞭解中國文化及其意義的學者，而且是我們「心理分析與中國文化國際論壇」的主要參與者，心理分析在中國發展的主要推動者。他的代表作《品德深度心理學》給我留下深刻的印象。夫德行者，在心為德，施之為行。於是，根植於內，發揚致遠，全然整合，便是德行深遠的實踐。

1999年在蘇黎世的「北塞塔」公車站，穿的正是夢中畢比穿的大衣

一九九八年九月，在我此夢的一年前，畢比參加我們的第一屆心理分析與中國文化國際論壇。他在大會的總結發言中，留下了這樣一番話語：

即使你們成功地將榮格心理學帶到中國，你們還是會聽到一些人的閒話碎語：「這些中國人，他們並不真的懂榮格心理學。」但是你們一定不要介意。你們的方向沒有錯，你們所做的一切是正確的。這正是一個適合榮格心理學的國家。你們以非凡的氣度向我們敞開自己，於是我們可以前來給予所需的幫助。我希望我們不會離棄你們，因為我認識到，你們可以給予我們的比我們可以帶給你們的還要多。

於是，畢比出現在此夢中，依然帶著他如此的感性，如此的期望，如此意味深遠的德行。

大衛・羅森

在夢中，畢比這樣告訴我：

約翰・畢比《品德深度心理學》一書的封面，突出的是漢字的「德」

大衛．羅森來到了蘇黎世（畢比知道我與大衛也是好朋友），我可以去看看他。

……

接著，便是夢中在見到榮格之前，與羅森的接觸與交談，談論榮格，以至於夢中的夢中見到了榮格，被榮格帶去其地下室……而在接下來的夢境中，羅森陪同我去波林根一起看榮格。

（在波林根）榮格坐在那裡，在我的右手邊；我面對他坐著，羅森在我的左手邊……過了一會，我又看了羅森一眼，是在示意他應該拍一張照片。

在我的夢中，羅森非常生動。

大衛．羅森是美國德州A&M大學的榮格心理分析教授，著名的費（Fey）系列講座的主持人。我與他相識多年，早已兄弟相稱，具有手足之情。我們曾一起受默瑞．斯丹之邀，在芝加哥榮格心理分析學院做「榮格與中國」的「對話式講座」。他也在一九九八年前來參加我們的第一屆心理分析與中國文化國際論壇，並且作了有關「榮格與道」的主題報告。

《榮格之道：整合的途徑》是羅森的代表作，由我和我的學生范國平將其翻譯為中文，收入我主編的「點金石心理分析叢書」，由中國社會科學出版社出版。如同畢比之《品德深度心理學》用了漢字的「德」作為封面，羅森《榮格之道：整合的途徑》的封面設計，用的則是漢字的「道」，十分的醒目。

羅森為其《榮格之道》加了一個副標題：「整合的途徑」（*The Way of Integrity*），而其中的「整合」，也正是畢比所用的「德性」和「德行」（Integrity），一種深刻和全然的整合。這些無意的巧合，皆匯聚於我遇到榮格的夢中。

「道」，《說文解字》注為：「所行道也。從辵從𩠐。一達謂之道。」《廣韻》注「道」為「理也，眾妙皆道也，合三才萬物共由者也。」《易．繫辭》曰：「一陰一陽之謂道。」並發揮出：「立天之道，曰陰與陽。立地之道，曰柔與剛。立人之道，曰仁與義。」皆為中國之「道」的基本內涵。

組成「道」的部首「辵」，有「乍行乍止也」之意，辵階而走的意象，頗耐人尋味。正如我與這夢中「北塞塔」之「艮於北」的聯想，《易經．艮》卦的「彖辭」曰：「艮，止也。時止則止，時行則行；動靜不失其時，其道光明。」其中也有與此

「道」之本義的連接。

榮格在其《心理類型》中，曾對漢字「道」有這樣的理解和解讀：「道的意義可作如下解釋：道路、方法、原理，自然力或生命力、自然發展的常規進程，關於世界的概念，所有現象的基本原因，真、善和道德秩序。」由此，即為中國之道對於榮格學者們的影響所在。

羅森在此基礎上做了進一步的發揮。他認為，「道」寓意道路，同時包含著固定與運動。但「道」統率一切，正如可見與不可見之中的自然（天地）遍及萬物。面對漢字「道」的意象，羅森這樣呈現出他的理解：

這古漢字「道」的左邊，是「走」的意思，聯繫著大地；其上面的部分似乎是象徵著一步一步，但其下面的橫線則表示著堅定。在「道」字的右邊，是「首」的字形，上面的是頭髮，聯繫著天，具有「開始」或「始源」的含義。整個字形的本義是「道」，寓意由始至終，由終至始。

羅森告訴我，為了撰寫這部《榮格之道》，他曾安排時間

大衛・羅森《榮格之道：整合的途徑》（*The Dao of Jung: The Way of Integrity*）一書的封面，藍色的底面和黑色的背景，突出的是漢字的「道」。

大衛・羅森在第一屆心理分析與中國文化國際論壇做「榮格與道」的主題報告

與大衛・羅森（右二）和斯坦・馬倫（Stan Marlan，左二）、萊朗・馮・戴爾（Leland van den Daele，左一）在肇慶七星岩，第一屆心理分析與中國文化國際論壇期間（1998）

專門前往蘇黎世，用了七個多月的時間始完成其中的主要內容。為了此書他曾去採訪瑪麗—路薏絲・馮・法蘭茲（Marie-Louis von Franz）和梅爾（C.A. Meier），兩位備受尊重的榮格心理分析師，榮格的學生和同事，直接詢問他們有關榮格與道家的關係，甚至用了「你認為榮格是道家嗎？」這樣直接的問題。

馮・法蘭茲這樣回答：「是的，榮格崇尚道家，並且身體力行於道家哲學的生活方式。」

面對同樣的問題，梅爾的回答說：「是的，榮格是道家。現在，人們並沒有認識到榮格的對立統一性心理學從其本質上與道家思想是一致的。人們想把榮格變成他本來並不是那樣的存在。他紮根於自然及其對立與統一之中。然而，對於道家，他是如此的虔誠，如此的神往，榮格作為道家是再清楚不過了。

羅森說，「他們的回答使我獲得了信心，我知道我所選擇的道路是正確的。」

所行之謂道也。對於羅森來說，他在蘇黎世的寫作，尤其是他的波林根體驗，已是在默默之中，融入了其自性化的經歷。他在波林根所感受到的，是心靈和自然的和諧。他在其《榮格之道：整合的途徑》中說：「在波林根，我感受到了孤獨的祝福，我體驗到了這片與世隔絕的土地所特有的寧靜。對於榮格來說，由石頭砌成的波林根塔樓，及其眾多的雕刻與石像，起著一種超越性的作用。在最初建成的那棟塔樓裡，榮格在其睡床的上方，繪製了一個巨大的曼陀羅，一種東方性的，帶有西藏色調的，道家的曼陀羅。」

羅森曾告訴我，他的蘇黎世和波林根之行是孤獨的，伴隨著一種帶有犧牲的孤獨體驗。孤獨中包含著超越，正如「孤獨」（alone）源於「獨一無二」（all one）；犧牲中包含著奉獻和使其神聖。於是，對於大衛來說，也包括在我夢中的他，我們一起前往波林根，也就包含著道的神祕與啟迪，其中也包含了孤獨與超越，以及奉獻和使其神聖。

夢中的鑰匙

我記得當時亞考畢在幫我分析這夢的時候，「鑰匙」是其中湧現的重要主題。他靜心地傾聽我的自由聯想，運用與發揮積極想像，讓我投入於這夢中鑰匙的感覺和感受，以及其中意義的湧現。

於是，我讓自己重新面對這夢中的鑰匙。

在夢中，榮格帶我去了他的書房（大衛．羅森沒有跟去）：

到了書房，榮格打開他書桌後面的牆櫃，在牆櫃的左側掛著幾把長長的黑色的鑰匙。他指著其中一把對我說，「那是地下室的鑰匙。我不能陪你去了，你就用這鑰匙自己去吧。」

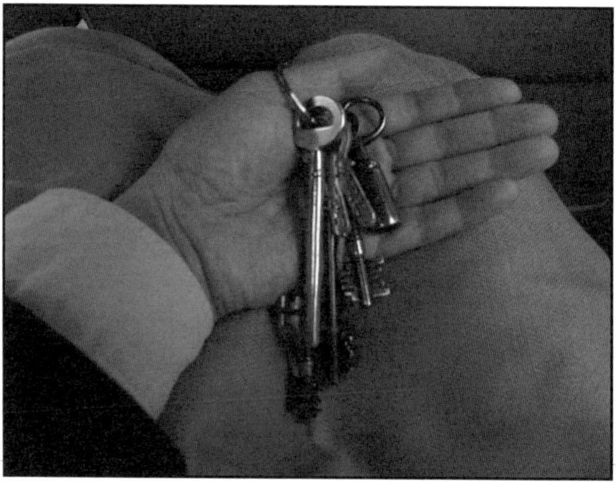

在我手中的開啟波林根的鑰匙，早已被榮格握得晶亮

進了榮格的書房，榮格似乎就站在了書房的中央，而我則是靠近書桌的位置。夢中，榮格並沒有走過去打開書桌後面的牆櫃，而是一面說著，牆上就自然呈現出了「牆櫃」，並且隨之打開了。然後，我才看到這牆櫃左側靠近我一邊，懸掛著幾把鑰匙。

只有在夢中，才會有這樣的神奇，意外而又自然的神奇。

儘管我已知道榮格告訴我的地下室的那把鑰匙，但由於我看到還有其他鑰匙，而且看起來都一模一樣，於是，猶豫了一下，就問榮格：「那其他幾把鑰匙有什麼用呢？」

沒想到，榮格的回答是：「什麼用也沒有……」只是用來偽裝和迷惑，用來保護這把真鑰匙的。榮格似乎是在說：你就別管其他的幾把鑰匙了。只要有了這把真鑰匙就行。[6]

[6] 這種夢中體驗，曾一度緩解了我在蘇黎世榮格學院所遇到的「閱讀困難」。每門功課都要求大量的專業閱讀，包括榮格全集的閱讀，我的外語尤其是德語閱讀能力有限，所以頗感壓力。於是，當夢中聽到榮格說，「你就別管其它的鑰匙了，只要有了這把真鑰匙就行」的時候，我感覺自己儘管並沒有閱讀所有的書，但已讀懂了榮格的意思，能夠「得意而忘言」，獲得了意義的傳達。

開始的時候，我只是看著，聽著。但這幾把鑰匙幾乎一模一樣，儘管這次我知道了真鑰匙的位置，那麼，若是有人將其調換了位置，又怎麼能認得出真假呢？我心裡這樣想著。榮格似乎是看出了我的心思，於是對我說：你去摸一摸，摸一下就能記住了。

於是，我一隻腳踏在榮格的書桌上（或是這牆櫃還滿高的，或者，是夢中的我身材不夠高），用手逐一去觸摸那些掛在牆櫃裡面的鑰匙，一種能夠存真去偽，真切生動的感覺。而這種感覺，也為我後來所發揮的「從體認到體會，從體會到體驗，從體驗到體現，以及在此基礎上去獲得體悟」的臨床工作體系播下了種子。這種「體認－體會－體驗－體現－體悟」，並非西方線形的模式，而是周而復始之動態過程，猶如五行之運作規律，目前已經是我們意象體現和沙盤遊戲治療的操作基礎。

芭芭拉．漢娜（Barbara Hannah）在其《彼岸》的講座中，引用了《哲學家玫瑰園》中的一句話：「我們親眼看見過它並用手觸摸過它。」這也是我所喜歡的一句話，它也真實地反映在我的夢中：看到了榮格藏起來的鑰匙，並且用手觸摸了它！

就在觸摸這些鑰匙的時候，還有一種感覺油然而生，那就是似曾相似，漸生熟悉的感覺，感覺中亦有傷痛和悲情。這讓我想起夢到榮格之前的一個夢：

在夢中（我仍然是在蘇黎世），國內發生了洪水災難，我和我父親都因此而受傷。在我的腳上，扎著幾枚長長的鐵釘；我父親也受傷躺在旁邊，胸口上扎著鐵釘；媽媽和姐姐、妹妹則趕著回家收拾房屋，從我們身邊走過……夢中，我用力將扎在腳上的長長鐵釘一個一個往外拔。在我右腳本來曾被鐵釘扎破的傷疤處（這也是文化大革命時期留下的傷痕）有一枚鐵釘，將其拔出來的時候還帶出一些骨渣和血跡……旁邊有一位中年的婦人，見到這情景表現出很害怕的表情和很心疼的樣子。[7]

榮格書房牆櫃裡面的這些長長的鐵鑰匙，與我從腳上拔出來的長長的黑色鐵釘十分相似，尤其是那觸摸中所帶出來的感覺。

就在夢到腳上受傷，拔出鐵釘的三天後，仍然是在蘇黎世，我又做了這樣一個夢：

7 我腳上有一個傷疤，是文革期間家居菏澤小島，被鐵釘扎破留下的。當時父母都不在，那次是爺爺帶我去醫院的。而在這個夢中，拔出右腳傷疤處鐵丁的時候，猶如一九九三年在我「頭遇心」的夢中，摘下頭上的面具時，它們同樣是文革留下的傷痕，同樣都帶出了血跡。

夢中，我經過一個工地，彎腰撿起了一枚鐵釘，夢中的我端視著這枚鐵釘，顯得詫異和茫然……夢中的感覺，這路邊隨手撿起的鐵釘，似乎與我有著某種關聯，一種熟悉而特別的感覺，恍然之間，感覺到這鐵釘正是我三天前（也是在夢中）從腳上拔出來的鐵釘。

此時，一種深深的內在情感湧現。或許，這也正是我所經歷的伊底帕斯情結的轉化。腳上的鐵釘，留給我童年腳上疤痕的鐵釘，輾轉光陰，幾經磨礪……轉化為夢中榮格書房的牆櫃中，能夠打開地下室的那把鑰匙。

一九九三年，當我在美國南伊利諾的森林中開始自我分析的時候，獲得了「頭遇心」的夢，也獲得了一把無形的鑰匙，我稱之為能夠打開榮格分析心理學，以及打開中國文化心理學意義的鑰匙。那麼，在榮格的書房，則是獲得了一把有聲有色，有形有情，生動而真切的鑰匙。

觀漢字「鑰」的小篆體，門戶之形猶在。看似「閉門有礙」，實乃「受命如響」[8]。古人常有「戶鑰」之說。如《揚子．方言》：「戶鑰，自關而西謂之鑰。」於是，「鑰」有「入」之含義。《淮南子．原道訓》云：「排閶闔，鑰天門。」其中的「鑰」便被注為「入也」。

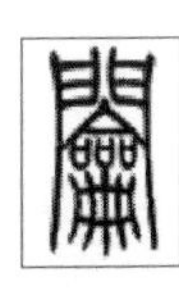

「鑰」之小篆體

「鑰」之小篆體構型，乃門中之「龠」，具有關鍵和樞要之意象。而此「龠」（音越）字，《說文解字》注為：「樂之竹管，三孔，以和眾聲也。從品侖。侖，理也。」[9]而「龠」本來也有「鑰匙」之義，如「啟龠見書」。老子也曾以此「龠」義發揮大思想：「天地之間，其猶橐籥乎？虛而不屈，動而愈出。」（《道德經》）

龠有「本源」義，如《隋書・經籍志一》曰：「其教有適，其用無窮，實仁義之陶鈞，誠道德之橐籥也。」龠可作「化育」解，如宋代李剛之《易傳內篇》：「生生之謂易，一陰一陽之謂道，陰陽不測之謂神。三者渾淪而不相離……刻彫眾形，橐籥萬物，自有形至於無形，自有心至於無心。」

「堅玉鑰於命門，結北極於黃庭」（《抱樸子・至理卷》）。「龠」以及「鑰匙」之「鑰」的發音都近「藥」，內含醫治之意。對我來說，不管是一九九三年在美國南伊利諾森林中所獲得的無形鑰匙，以及頭上的傷痕，還是在此遇到榮格的夢中，以及腳上的傷疤及其血痕，都是一種內在的療癒。這醫治和療癒，對於我們心理分析來

8 「受命如嚮」：見《易經・繫辭》：「是以君子將有為也，將有行也，問焉而以言，其受命也如嚮，無有遠近幽深，遂知來物。」

9 每逢面對這「鑰匙」的意象，也常使我聯想起潘神的笛聲和羌人之悠悠羌笛。

說，其中也包含了「轉化」，如同這鐵釘之與鑰匙[10]。這夢中的鑰匙，實包含了我內在創傷的轉化，其本身也為心理分析之療癒的見證。

夢中的畢比，與其中「德」和「德行深遠」的意象，以及夢中的羅森，與其中的「道」和「整合之途徑」的意象，猶如兩扇門戶；合之而為「德道」，德寓得也，道寓到也；也猶如這橐籥和鑰匙的意象，為我打開了心理分析的天地。

尋夢波林根

夢到榮格的數周後，默瑞．斯丹途徑蘇黎世，專程過來看我。

斯丹是我的良師益友，我的心理分析

我當時拍下的冬日裡的波林根▶

經歷，也多與他有關。第一屆「心理分析與中國文化國際論壇」，本來是他的提議，我們兩人共同策畫。他當時作為國際分析心理學會執行委員會的主席，特別邀請了畢比、斯坦．馬倫和羅森等作為國際分析心理學會的代表和主題報告人。

我們一起吃午飯時，談起了與榮格有關的這個夢境。我可以看出和感覺到，斯丹傾聽此夢時的欣慰與喜悅。

斯丹問我有沒有去過波林根，我說還沒有。於是，默瑞即刻給榮格的孫子尤里希（Ulrich Hoerni）[11] 打了電話，尤里希很快就過來了，我們一起開車去了波林根。從蘇黎世開車到波林根需要一個小時左右的時間，那天正下著雪。

我坐在尤里希旁邊的副駕駛位置上，大概是斯丹想讓我更好地欣賞這瑞士的鄉村景色，讓我記住這通往波林根的道路。

這是我第一次見到的波林根，透過一片樹林遠遠望去，塔樓的身影已在眼前，冬日的氣氛襯托出其蒼涼的悲情和靈性的魅力。

---

10 「匙」之《說文解字》曰：「匕也。從匕，是聲。」由「是」與「匕」合成。「是」之本義為「直也。從日正。」而「匕」亦可作「比」，被注解為：「相與比敘也」。

11 榮格的孫子尤里希是建築師，負責榮格家族的版權和有關學術事務。

到了波林根，尤里希先打開了外面的大門，然後拿著一大串鑰匙，去開塔樓的門。進塔樓的門有上、中、下三把鎖。尤里希打開了上下兩把鎖，試了好多鑰匙卻怎麼也打不開中間的。大概是想到我和斯丹在外面等待的寒冷，尤里希顯得不好意思，自言自語地說，「我總是弄不清家裡的這麼一大串鑰匙。」

我走過去靠近看了一下，對尤里希說：「你試試這把……」尤里希試了一下，大門果然應聲而開。他半開玩笑半認真地說我，「你怎麼知道我們家的鑰匙呢。」到了這個時候，我都還沒有告訴尤里希我做過的夢。

與尤里希在波林根的塔樓裡面

進了塔樓，轉進「客廳」，實際上也是廚房，迎面的石壁上，赫然懸掛著與我夢中一模一樣的幾把長長的、黑色的鑰匙。我走過去，用手逐一觸摸和撥動了它們，這些鑰匙輕輕地碰觸在石壁上，發出一陣悠揚而美妙的回響……

我心中欣慰無限，一種如歸故里的

尤里希打開了波林根塔樓的門之後，我讓他和斯丹一起，拍下了這張照片

感覺。

榮格在波林根曾繪有一幅「斐樂蒙」[12]的畫像。畫中的斐樂蒙，左手高高地舉起，緊握著一把鑰匙，正是與我夢中一模一樣的鑰匙。在斐樂蒙垂下的右手，則握著一串完全一樣的另外幾把鑰匙。

這不是夢，而是真實的經歷。

我在二〇〇二年第二屆心理分析與中國文化國際論壇的報告中，曾引述了這個夢境。當時斯丹也在會議的現場。恰好在我講述到「這不是夢，而是真實的經歷」的時

12 榮格曾在其《榮格自傳：回憶．夢．省思》中，詳細地描繪了他遇到斐樂蒙的夢中意象：「夢中出現了一個像大海那般蔚藍的天空，天上漂浮著的不是雲彩，而是平平的棕色土塊。土塊像是正在散裂開似的，於是在這些土塊之間，蔚藍的海水便可以讓人看見了。但是這海水便是藍天。突然間，一個帶翼的人從右方橫駛過天空。我看出來這是個長著牛角的老人。他繫著結成一串的四條鑰匙，他緊握著其中一把鑰匙，像是要打開一把鎖似的。他長著翠鳥的羽翼，顏色也跟翠鳥的一樣。」得到這夢境之後，榮格就試著去畫夢中的「斐樂蒙」，完全沉浸在與這一特殊意象的溝通與交流之中。過了兩天，竟然在自己家靠湖邊的花園裡，真的發現了一隻翠鳥，一隻沒有任何傷痕但已經死去了的翠鳥。於是，這夢中的「斐樂蒙」及其意象使榮格恍然頓悟：在心靈中存在著的種種事物，它們不是由意識派生出來的，而是自然產生並擁有其獨立自主的生命。這也就是榮格「心理的真實性」的思想源起。從此以後，榮格便常常與他的內在導師「斐樂蒙」交談。榮格說：「從心理學上說，『斐樂蒙』所代表的是更高級的洞察力。對我來說他是個神祕的形象。但是他對我顯得真實，像是個有生命的人。」

候，坐在會場最前排的斯丹激動地站了起來，說他是見證人，那是如此生動深刻而永遠不會忘懷的經歷[13]。

在畢比看來，榮格心理分析的奧祕，可歸之於對「心靈真實性」的把握；而波林根之於榮格，也正是這種心靈真實性的具體體現，包括榮格夢中的斐樂蒙，其中所表達的也正是一種深遠的德行。

羅森則把斐樂蒙稱之為榮格的道家老師。他曾告訴我，這斐樂蒙也正是榮格分析心理學之中國文化的象徵。或許如此，在此意象中不僅有老子的身影，也有神農的神態和伏羲的威儀。榮格對老子深信不疑，奉為典範，他認真閱讀過《神農本草經》，對伏羲所創之八卦和《易經》更是投入了情感和精力。

▲▲斯丹在第二屆心理分析與中國文化國際論壇會場（2002）

▲這是與斯丹在波林根的「三面石刻」前的一張照片，榮格喜歡在這石頭的樹下讀書。我當時穿的也正是夢中畢比所穿的那件「我的大衣」

▶第二屆心理分析與中國文化國際論壇現場，斯丹站起來敘說當時在波林根的情景

就在波林根，尤里希引我和丹斯走到後院的湖邊，指著一棵大樹說，榮格當年就是在此樹下，反覆研讀《易經》，用蓍草起卦練習尋求其中的意義。或許，也正是在這棵大樹下，榮格的「共時性」（Synchronicity）[14]原理也初顯端倪。

我們也可把榮格的「共時性」，看作榮格所

[13] 斯丹當時還接著說，實際上，他也有類似的直覺和經歷。當我們第一次見面時，他和湯瑪士·克許就已經確信，這就是他們要在中國尋找的與榮格分析心理學有緣的人。

[14] 榮格在一九五一年的「愛諾思東西方文化圓桌會議」上首次闡述這種「共時性」原理。但他在一九三〇年前後，便與其病人保利（諾貝爾物理學獎獲得者，一九四五）一起探討「共時性」的意義。榮格也曾與保利合著了《解讀心靈與自然》（*The Interpretation of Nature and the Psyche*, 1951），而榮格與保利的通信，也被編輯為《原子和原型》由普林斯頓大學出版社社出版（二〇〇一）出版，而對於《易經》和「共時性」的探討是榮格與保利交流中的重要內容。

波林根後院外的湖邊，榮格演繹《易經》的大樹

探索與發現的心靈運作規律。於是，理解了「共時性」，也可增加我們對「心靈真實性」的認識。而榮格進入我夢中，以及我在波林根的經歷，既是「共時性」，也是心有靈犀，也是本然的「感應」。

要離開波林根的時候，尤里希拿出「訪問者留言本」要我簽名。我用英文寫了「I am following my dream to Bollingen」（我跟著我的夢來到波林根）。但尤里希提醒我說，「用中文，用中文！」於是，我用漢字寫了：「來波林根尋夢」。

在隨後的日記中，我這樣寫到：「未見她時，她已在夢中；尋夢之時，她已在等待。」

在榮格家

一九九五年八月，在蘇黎世參加國際分析心理學大會時，第一次來到庫斯納赫特的榮格研究院，第一次經過榮格家的大門。隨後便常常過來，開始求學於此，進行心理分析的系統訓練，與此結下不解的淵源。

從湖中看去的波林根

在榮格家的門欖上，用拉丁文刻著這樣一句話：「不管召喚與否，上帝無處不在。」

我曾站在這門口等待，思索著榮格所留下的話語。直到有一天，似乎看到了榮格年邁的身影。他手裡也是拿著一串鑰匙，出現在庫斯納赫特的門口。他用右手，緩緩推開了那扇大門。

二〇〇六年的春天，我在洗心島，記下了這樣一個夢。

1999年在榮格家的大門前

夢中似乎是在參加一個心理學的大會，許多國外的心理學專家都來到了洗心島。我偶然見到榮格站在那裡，正像我在波林根（夢中）見到的樣子。心中十分的欣喜，趕緊走上前去問候。

但夢中的榮格對我說：「我不是榮格，我是羅杰斯。」

見我一臉的困惑，夢中的榮格用左手往西邊指了一下說：「你看，那不是馬斯洛嗎？」

夢中自稱羅杰斯的榮格，用「alp」稱呼馬斯洛。

這是夢中的榮格，想讓我相信他是羅杰斯。因為在人們印象中，羅杰斯是常和馬斯洛在一起的。

夢中的我仍然想到應該有人為我們拍下一張照片，如同夢中和羅森一起見榮格時一樣。

接著，夢中的榮格，自稱為羅杰斯的榮格，帶我看他的設計（夢中的他給人的印象是很善於設計的）。他用右手，在空中隨意劃了一下，頓時出現了一個似乎是由鐵絲組成的亂如一團的東西，像是一個架子或籠子，也猶如一堵牆，問我：「這是什麼？」同時問題中似乎還包含著「如何進入」。我當時有一種感覺，或許這其中也包含著對我的考試。

我留意看了一下，心想，這可難不住我，我可是中國的「格式塔」[15]專家，何況這又是在我的洗心島。於是，我讓自己安靜下來，等待著其中的格式塔變換……心想，這「是什麼」馬上就會從這看似複雜的圖案中顯現出來……

夢中考試我的榮格，似乎是能夠看出我的心思。當我心中想到這裡的時候，便是已經通過了考試。只見那由亂成一團的鐵絲組成的一堵牆，漸漸展開，出現了一個兩扇的門。

於是，我欣喜不已，感到自己通過了榮格親自主持的考試；同時，心中也暗想，這考試也不算難啊。但就在那一刻，我忽然感覺到，這仍然是在考試之中，如何才能進入這關著的兩扇門呢？

我心裡在琢磨，到了這裡，就應該放棄認知層面的「格式塔」思維，而應該運用「共情」（empathy），尤其是其中文的「神入」的意義[16]，甚至是「湧現」[17]（emerging），以及湧現中的「共時性」思想……就在此時，閉著的兩扇門自然打開了。我看了一下榮格，看到的是其微笑的面容和鼓勵的眼神。

於是，我頗為得意地走向已經敞開的大門。

但是，就在我踏進門欄的瞬間，與裡面出來的，我只能姑且將其稱之為「真實的無意識」，撞了一個滿懷。頃刻之間，彼此溶為一體。

[15] 格式塔（Gestalt），源於德國的心理學流派，同樣是由高覺敷先生引入中國，我曾在高覺敷老師的指導下以格式塔理論為背景完成博士論文：〈動力與整合：勒溫的格式塔心理學研究〉，出版了《心理場論》（中國和平出版社，一九九六）和《團體動力學》（湖南出版社，一九九六）等著作，並且接受過完整的格式塔心理治療訓練。

[16] 共情（empathy），早期被翻譯為中文的「神入」，後也被用作「同理」或「同理心」等。

[17] 湧現（emerging），當代複雜性系統理論中的核心概念，本身也已經形成了重要的理論。我曾隨顏澤賢教授參加美國的「湧現」理論國際研討會（二〇〇二），並且在顏澤賢教授主持的「全國首屆複雜性與湧現國際會議」（二〇〇五）上做報告。

無意識的探索中，包含著彼此的尋找。

那種感受，本不易言說；心靈感應，莫過於此。

榮格在其與衛禮賢合著的《金花的祕密》中說：「為了獲得自由的（心性）發展，他們是如何做的呢？我在這《金花的祕密》中所能看到的，便是『無為』，無為而為，順其自然，讓事物自發呈現；這正是呂祖在我們《金花的祕密》中的教誨……讓事物自發呈現的藝術，為無為的態度，『吾喪我』的狀態……成為我打開治癒之道的一把鑰匙。我們必須能夠讓內心深處的事物自發呈現。對於我們來說，這是一種尚不為人所知的藝術。」[18] 我想，夢中榮格向我所呈現的，也包含了他對於中國文化的認識和理解，以及在這種理解中的感悟。

我知道，不管是我夢到的榮格，還是夢中榮格的考試，都包含著這樣一種意義：這只是開始。

即使可以把夢中的榮格，看作是「內在的導師」，或「內化了的導師」，甚至是「智慧老人」或「自性」的象徵，但真正意義上的「自性」或「自性化」，心理分析之最終的追求，是不能僅僅依靠於「象徵」的，而是必須要有真實的體驗。

做了此夢不久，我去北京大學參加在那裡舉辦的「第一屆中國榮格學術周」。其間有我在北京大學圖書館的一次公開演講，當我看到組織者張貼的海報，用了「走進榮格的神祕世界」作為標題時，便說了這樣幾句作為開場的話語：

> ……就心理分析的目的而言，我們要走進去的不是榮格的神祕或神祕的榮格，而是我們自己，是我們自己的內心世界。接近心理分析，也就意味著接近我們的內在自我或自性。
>
> 這種內在的心靈世界，不僅顯得神祕，而且充滿了神奇。而一旦我們走近了榮格，那麼，也會發現，我們將走進中國文化心理學，進入我們文化的心靈境界。

於是，我用這樣一個標題：「走近榮格與走進自己，感受中國文化心理學的意義」，來呈現我的理解。[19]

---

[18] 這是用我的理解和我的語言，來表達榮格的思想。原文見：Jung and R. Wilhelm. *The Secret of the Golden Flower: A Chinese Book of Life.* Causeway Books. New York: 1975, P. 90. 還記得一九九八年第一屆心理分析與中國文化國際論壇期間，約翰．畢比認真地看著我，看著我努力要將他所引用的榮格原文翻譯成中文的樣子，然後說了這麼一句話：「從此，榮格找到了他在中國的代言人。」

[19] 見《心靈與境界》第四章：「走近榮格與走進自己，感受中國文化心理學的意義」，鄭州大學出版社二〇一〇。

這也是基於榮格的教誨。他曾一再申明，他自己無意建立學派，也不希望任何人以榮格學派自居。在我的理解中，榮格所希望的，其實也是心理分析之「自性化」的本來寓意，那便是「認識自我、體驗自性、成為自己」。此生有緣，若有機會發揮自己本來的天賦，那便是我們心理分析的最大幸運與追求。

▶與尤里希在波林根（1999）
▼1999年在蘇黎世庫斯納赫特榮格學院

在波林根，前面記述的「尋夢波林根」那次，我與榮格的孫子尤里希和斯丹一起所談論的主要話題，便是後來的人們無須去模仿榮格，也著實模仿不來。但一旦經歷了心理分析，體驗到了無意識的真實性，開始了自性化的過程，而最終成為自己的時候，那麼，或許便也能夠同榮格一樣，舉手投足之間便都是心理分析。榮格，以及心理分析，甚至是自性和心靈，便從此融入了你的生活。

在庫斯納赫特的榮格學院，我與榮格的孫子丹尼爾．鮑曼（Daniel Baumann）談論過同樣的話題。丹尼爾長期擔任榮格學院的院長，儘管他本人並非心理學的專業學者，但對於榮格的分析心理學，仍然有著自己獨到的見解。就我自己在蘇黎世和庫斯納赫特榮格學院的多年經歷而言，不管是作為學生和聽眾，還是作為教師和報告者，把心理分析視為「自我探索的過程」，仍然是我目前最基本的理解。

在庫斯納赫特的榮格家中，榮格的孫子安德立亞斯・榮格（Andreas Jung）告訴我：「在當今巨變和革新的時代，我們需要一個新的基礎，一個穩定而堅實的基礎，一個我們能夠在我們自己的心靈深處，在我們每一個人的心靈中獲得的堅實基礎。」他對於我一向堅持的「心理分析與中國文化」，以及連續多年的「心理分析與中國文化國際論壇」，表示由衷的支持。他認為，「在心理分析與中國文化的努力中，包含著對分析心理學本質的探索。」

在榮格的書房，在其書桌右邊的牆上，同時也是在其密室的入口處，一直懸掛著一幅漢字。安德立亞斯告訴我，自從他爺爺去世後，可能還沒有人知道這其中的漢字所表達的意義。他甚至開玩笑似的說：「你可能是坐在這書桌前的第一個中國人，那

與蘇黎世庫斯納赫特榮格學院院長丹尼爾・鮑曼在波林根（2010）

與安德立亞斯．榮格在卡爾．榮格的書房

麼，這幅漢字或許也是留著給你看的。」

當我端詳這幅漢字的時候，朦朧飄逸的草書中，透出一種天籟之聲，自然之氣蘊；水木綠洲，春華秋實，皆應在這方寸之間。

安德立亞斯把我帶去榮格的「密室」，房屋中的房屋。裡面的兩面牆上全是書架和圖書，中間是榮格的書桌，書桌上仍然擺放著他的常用的物品，包括出現於我夢中的「盒子」。安德立亞斯告訴我，這也是榮格撰寫他的《紅皮書》[20]的地方。本來，那《紅皮書》就放在這密室，後來因為安全的緣故，送去了蘇黎世銀行的保險櫃。

當我把榮格的《紅皮書》從頭看到最後的時候，發現榮格竟然是用「1959」作為標題的「跋」，似乎是一封並未完成的書信，寫於一九五九年，以這種特殊的「未完成」的書信作為其《紅皮書》的結束。這不禁使得我怦然心動，因為一九五九總是與我有著特殊的連接和意義。

榮格在這封題記為「1959」的「跋」中提到，由於他一九二八接觸了來自中國的《金花的祕密》，使他漸漸封存其持續撰寫了十六年的《紅皮日記》，也就是後來的《紅皮書》，但其中內容，則趨於獲得了自己的表達形式而獲得意義的實現。榮格在這封信的最後說：撰寫了十六年的紅皮書，其中的記錄和插圖，其中的巨大衝擊和深刻體驗……「不管怎樣，我忠實於它，儘管，如果另外……某種可能……尚未……」（I remained true to it, even if another / possibility never...）

我一筆一劃將榮格這封寫於一九五九年的信，《紅皮書》之「未完成的跋」，抄寫在我的日記本上。

在榮格的書房，曾有一幅很大的觀音畫像，書架上隨處可以看到一些有關中國文化和中國哲學的書籍。於是，我和安德立亞斯也常談起榮格與中國文化。榮格自己曾學習過漢語，深受漢字中豐富意象的吸引，稱其為「可讀的原型」。他也在其生命的特殊時刻，呈現其所學習的漢語的意義。據漢德森講述，一九五八年他最後一次看望榮格的時候，榮格帶他去花園，在一棵從中國進口的銀杏樹下（是蘇黎世研究院的學生

---

20 榮格曾用了大約十六年的時間，在一個特製的用紅色皮子包起來的本子上撰寫他的日記，被稱之為榮格的《紅皮書》。二〇〇九年首次正式公開出版發行，被美國《時代週刊》稱之為近百年心理學史上最重要的事件。

送給榮格的禮物），安放著榮格為托妮．沃爾夫（Toni Wolf）所刻的紀念碑。在一塊不是很大的石頭上刻著幾個漢字。榮格告訴漢德森漢字是從上往下閱讀的，他用這些漢字所表達的意思是：「托妮、蓮花、修女、神祕。」

在這塊特殊的石碑上，榮格應是先刻了一枝銀杏，上面有四片如花的葉瓣，但有一瓣已離枝落下……在落葉的下面，是一位垂首的老人，像是掘墓者，佇立在更深處。榮格所刻的漢字，在石碑的左邊。這是五個特殊的漢字，猶如「觀其朵頤」，猶如「探賾索隱」，其中依然包含著某種神祕。

我們都知道托妮對於榮格的意義，她呼應了其內在的阿尼瑪，也是其終身的友伴與愛人。這也是榮格理解與使用漢字的紀錄。

來自中國的那棵銀杏，如今已是參天大樹，依然生長在榮格家的院落。

根據勞倫斯．凡．德．普司特（Laurens van der Post）的回憶，他在榮格去世前不久還有與榮格的一次長談，榮格直到晚年都仍然在石頭中尋求某種思念與寄託。在他為愛瑪．榮格刻的石碑上，使用的仍然是漢字，所表達的意思是：「你是我房屋的基石」。[21]

在榮格家向安德立亞斯．榮格及其夫人維莉妮．榮格（Vreni Jung）解釋榮格所使用的漢字

榮格家花園的一側

榮格在失去托妮和愛瑪之後，從未能從傷痛之中康復。善解父意的兒子弗蘭茲為父親找來石頭，那似乎是唯一能幫他療傷的工具。據說，榮格所刻的最後一塊石頭，有一個酷似中國老人的頭像，兩邊依然是銀杏樹的枝葉，上面刻的漢字是：「天人合一」。[22]

在巴巴拉．漢娜撰寫的榮格傳記：《榮格的生活與工作》中，記載了榮格最後的幾個夢。

漢娜本人所記錄的，是榮格在夢中「看

[21] Laurens van der Post, *Jung and the Story of Our Time*. Random House, New York 1975. p.177

[22] David Rosen. *The Dao of Jung*. Penguin Putnam, New York 1996. pp.151-152.

榮格庫斯納赫特家的院落一側

到了另一個波林根，沐浴在燦爛的陽光下。一個聲音對他說，現在已經完工了，可以準備住人了……」[23]。而在榮格去世的前幾天，一直守候在他身邊的露絲·貝雷，記下了榮格最後的幾個夢：

> 榮格夢到一塊大圓石，上面刻寫著：「這是你的完整性和同一性的標記。」
>
> 一塊長著大樹的方地，所有的鬚根都從地裡長出來並包圍著他。在這些根當中，有金線在閃光。

榮格是在一九六一年六月六日去世的。就在他去世後的一個小時左右，狂風暴雨驟至，偶然的一個閃電，擊中了榮格家花園裡的一棵高高的白楊樹。

有一次，我在榮格家的時候，還專門問安德立亞斯，那棵被雷電擊中的大樹還在嗎？

安德立亞斯告訴我，那棵被擊中的樹後來死去了。他領我到花園中，指著其中的一片空地說，那就是當年那棵樹生長的地方。

榮格在其傳記《榮格自傳：回憶・夢・省思》中，是這樣開始的。他說：「我的一生，是無意識自我實現的故事……人格也如此……」

我們每個人本來也是如此，這也正是無意識心理學及心理分析，對於我們每個人的意義和價值所在。源於古希臘特爾斐神殿的箴言：「認識你自己」，一度被作為整個心理學的本義和宗旨。而在這「認識自己」的箴言中，也包含著我們對無意識的探索，包括對我們的夢。

有一次，在榮格家中，安德立亞斯讓我坐在榮格的書桌前，在訪客薄上留言。我想了想，寫下了「介然有知，行於大道」幾個字。

這是老子的教誨。榮格也自認為是「莊子的崇拜者」、「老子與道的追隨者」。他要做「中國文化的忠實學生」。

在其自傳結束的時候，榮格這樣寫道：

[23] 巴巴拉・漢娜撰，《榮格的生活與工作》，東方出版社，一九九八，第四四五頁。

高嵐和安德立亞斯和維莉妮在榮格家中的花園

當老子說「眾人皆明，唯我獨懵」的時候，他所表達的就是我在此老年時的實際感受。老子是有著卓越洞察力的代表，他看到並體驗到了價值與無價值，而且在其生命行將結束之際希望復歸其本來的存在，復歸到那永恆的、不可知的意義……事實上，那些使我對此世界的疏遠感，彷彿已經轉移進了我的內心世界，呈現出了一種「吾喪我」的感覺。[24]

榮格所引用的應是《老子》第二十章的內容：「……荒兮，其未央哉！眾人熙熙，如享太牢，如春登臺。我獨泊兮其未兆；沌沌兮，如嬰兒之未孩；累累兮，若無所歸。眾人皆有餘，而我獨若遺。我愚

人之心也哉！眾人昭昭，我獨昏昏；眾人察察，我獨悶悶。恍兮其若海，恍兮若無所止……」

從一九九三至二〇〇三的十年中，我常在國外，為了我們的心理分析。每次回來，也常被國內的同事問到這樣一個問題：你老是跑那麼遠做心理分析的目的是什麼呢？你能用一句話告訴我們，這心理分析有什麼用嗎？

不得已要回答這樣一個問題的時候，我總是這樣來描述：在做心理分析之前，對我來說，無意識只是書本中的一個概念或者理論；做了心理分析，才知道這無意識本來是一種真實的存在，就像空氣和我們的呼吸一樣真實。

[24] C.G. Jung. *Memories, Dreams, Reflections.* Vintage Books Edition 1965. P. 359. **參考：榮格《榮格自傳：回憶．夢想．省思》，劉國彬、楊德友譯，張老師文化出版社，一九九七。**

▶在榮格書房的書桌前留言

04

我夢中的老師

二〇〇〇年的秋天，我獲得「分析心理學國際學生」項目的獎勵和資助，從瑞士蘇黎世榮格學院轉來美國舊金山榮格學院，繼續心理分析的訓練，從事心理分析的專業實習。

按照國際分析心理學會的規定，若是要成為一位專業的心理分析師，需要三百小時以上的個人心理分析，一千餘小時的專業實習，實習過程中需要完成兩百小時以上的個人專業督導和一百二十小時以上的小組督導，以及規定的專業課程學習和研討，其中還要經過諸多的面試性考核。

這種專業訓練是極其嚴格的。在舊金山榮格學院，入學的條件是要具有博士學位，並且已經作為專業心理醫生從業五年以上。每年能夠如期畢業的人數也只是在二至三人之間。六十年左右的時間，IAAP也只授予了二千八百位具有這種國際專業資格的心理分析師。

國際分析心理學會的徽章

金門海灣莫瑞納

我的房東柯莎莉（Sally Kaufman）去舊金山的機場接我，隨後把我帶到她在金門海灣莫瑞納的大房子。

莎莉曾任舊金山精神病總院的副院長，六十二歲公職退休後，繼續作為獨立的心理分析師開業，七十歲左右的她每天仍然工作八個小時接待來訪者。但同時，莎莉也安排了時間學習漢語、學習鋼琴、學習裝修書籍，並且義務兼任舊金山醫學史學會的秘書。

莎莉在二十四歲便獲得了史丹佛大學醫學博士的學位，後經過多年的專業訓練，成為榮格心理分析師。她丈夫保羅・考夫曼（Paul Kaufman）也是著名的榮格心理分析師，熱愛戶外活動，尤其是登山和航海。

莎莉的中文學習是從一九七四年開始的，一直堅持了下來。但當別人問她：「你的中文怎麼樣？」的時候，她會用標準的北京普通話說：「我的中文學得還不好。」

莎莉是猶太人。每逢猶太節日，總是會有家庭聚會：傳統的音樂，傳統的儀式……我也會感到那種親切的氣氛，甚至是一種似曾相識的感覺。莎莉家裡所有的人，都會說一些中文，哪怕僅僅是一些問候語。

我在莎莉家裡住了兩年。莎莉是我的好房東，好朋友，也是我的好老師。在舊金山，有許多出色的分析心理學老師，如：喬・漢德森、凱・布萊德溫（Kay Bradway）、瑪麗・喬・斯賓塞、湯瑪士・克許、珍・克許（Jean Kirsch）和約翰・畢比等，他們也常常到柯莎莉家做客。

從莎莉家裡走去在高夫和華盛頓（Gough and Washington）街的舊金山榮格學院，步行需要五十分鐘左右，一路上坡去到山頂。儘管可以開車，但我喜歡步行，並養成了步行的習慣。蘇軾的《定風波》：「竹杖芒鞋輕勝馬，誰怕，一蓑煙雨任平生……」便是那行走時的心情和寫照。

午後或傍晚，我也總是喜歡在莫瑞納海灣的沙灘上散步，常常走去金門大橋。海邊風大的時候，則走去附近的藝術宮殿，繞著那古色古香猶如夢幻的希臘建築和天鵝遊曳的湖灣散步。

夕陽下的金門莫瑞納海灘

夢見我夢中的老師

二〇〇一年十一月十一日，深夜三點三十醒來，記下了這樣一個夢：

在海邊，金門海灣的沙灘上，看到水裡漂著一個「書卷」（老子畫卷中所捧著的「書卷」），隨著海浪的起伏而逐漸靠近我；於是，我試著去拿它，但它也隨著海浪的起伏而稍微遠離（實際上，它是在「呼喚」或「引導」我）……很想得到它，想讓它靠近一些，我還用手去撥海水；幾乎要到手的時候，它卻又隨海浪漂遠了一些……我站起身來想走，但卻又看到它的靠近……於是，我彎下身去，盡量把手伸向水裡，即使這樣會弄濕衣服；此時，身體幾乎是傾浮在了水面上……緊接著，恍惚中已是進入了大海，順著這「書卷」的引導，瞬間便到了一塊陸地。

我面對著所到達的地方（面向北方），像是一個島嶼上的「村社」，左邊有一棵大樹（當我到達那裡的瞬間，那「書卷」應該是變成了一隻鳥，飛起來停在樹上望著我……），自然而清靜的院落，朦朧中感覺到周圍有一些扶桑花，前面是一幢簡樸的房子……我感覺到，夢中的感覺，那正是我「老師」住的地方；於是，我即刻跪下身來，安靜虔誠地等待著，在等待中來朝拜我的老師……

過了一會，我的老師從裡面出來。我的第一感覺，老師好像有著「古埃及」的面容和氣質。我們擁抱在一起，一種如此相互關愛體貼的感覺。我的老師很高大，我的頭只是接觸到他的腰間上一些……而他稍微把我往後推引了一下，我也很敏感，注意到後面有一個臺階一樣的高處，於是就站了上去，這樣我們擁抱的時候我的頭可以靠到他的胸肩。

他看上去大約五十五至六十歲左右的年齡。長型的臉，非常的平靜與安祥。儘管是男老師的他，我卻感覺有一種女性的氣息或是有女性內涵……

在我們擁抱之中，我能感覺到，我的老師對我很滿意。這麼多年，這是我們第一次見面，對成長了的我，他是如此的欣慰……

而對於我的老師，伴我成長，給與我無言無形之教誨的老師，對於這第一次見面，我也是充滿感激與喜悅，同時也有一種委屈和想哭的感覺，眼中充滿淚水。

接著，老師給我畫了一幅畫：一隻鳥，黃色透紅的羽毛，毛絨絨的，栩栩如生；在她的後面，有著像是古埃及「inner eye」（古埃及的心靈之眼）荷魯斯（Horus）眼睛似的描筆……

我的老師告訴我，這是他族人的徽章。讓我記住。

然後，他細心地擦去那「鳥」，然後畫了一個另外的符號，對我說，這是目前人們所認識的符號，但已經不是他族人本來的標誌了。

可以看出，我的老師很善於繪畫，或用繪畫來傳達意義。然後，老師給我講了一些有關文字和符號，甚至是密碼一樣的事情，只是不能記得了；但夢醒之後，留下了「東夷」與「島」的印象。

這是在夜裡三點三十分起來記的夢，而我的許多夢，也多是這個時間記錄的。我夢中的老師在夢中所說的那些「符號」和「密碼」等，已記不清楚了，似乎隱退在了我的「身體記憶」中。醒來之前，我清晰地感到背上被輕輕地「敲」了三下，似乎是與身體記憶的「符號」與「密碼」有關；或許，其中仍然有我尚不能理解的天意，心靈被敲醒或被心靈女神喚起，記下了這個夢，用了「夢我夢中的老師」作為標題和心情。

我的夢中老師

我夢中的老師，從我幼年開始，便一直陪伴著我。

我兒時熟記的天干地支陰陽五行、二十四節氣表和七十二物候歌，便有夢中老師的啟蒙；小時候的我喜歡看童話書，漫畫中所包含的詩經禮儀和春秋大義，也有著夢中老師的教誨……長大之後仍然喜歡讀書，往往被書中氣氛所吸引，常常讀書至深夜。但每當我不得不放下書本準備去睡覺的時候，總是捨不得書桌上的月光，也總是想著仰望星空，對我內心深處的老師說聲謝謝。

一九九九至二〇〇〇年間，我在瑞士蘇黎世榮格學院著手撰寫《中國文化心理學心要》，儘管手邊幾乎沒有相應的參考資料，但每當寫作的內容超出我所儲備的知識，難以理解和難以表達時，我也往往求助於我夢中的老師。而他總是有求必應，只要我心中想到了，便總是能夠獲得及時的回答。

二〇〇〇年從瑞士蘇黎世來到美國舊金山，住在這金門海灣莫瑞納的藝術博物館湖畔，靜心虔誠繼續心理分析的研習，每當讀書與思考至靈感湧現之際，我也往往轉頭回望，因為感覺我的老師彷彿就在身旁。我也總是報以欣慰的笑容，因為我知道，我所思想中的靈氣也正是他的啟迪。

但是，直到這二〇〇一年十一月十一日之前，我卻從未想過要「見到他」，甚至是「夢到他」……二〇〇一年十一月十一日，這是我第一次見到我的老師，即使是在夢中……

當時在記夢的時候，我夢中老師的身體和容貌是如此的親切，那感覺和氣氛是如此的生動……於是，次日清晨，我一大早起來便急不可待地趕去研究院的圖書館，翻出了十多本有關埃及的畫冊，想從中找尋夢中老師的身影。凡是有關的，我都去複印。但是，其中只有一張異常近似的圖片，而惟獨這一張卻怎麼也複印不出來……我默默地端望著，想像著其中的不可思議，只能將其融會銘記於心底。

夢之意象體現

二〇〇一年十一月十九日，我與波史奈克一起來工作這個夢。波史奈克當時仍然擔任「國際夢的研究會」主席，我們兩人以夢的工作為主，保持了數年的心理分析關係，一起來探索夢中的心靈奧祕。我們用的是榮格的積極想像，以及波史奈克本人所發展的意象體現技術（Embodiment Imagination）來進行夢的工作，其中不僅涉及到意象的對話，而且是進入意象之後的感受，更為準確的說法應該是「感應」，以及在這種感應中所能接觸的意象世界之心靈境界和啟迪。

我們兩人所經歷的積極想像和意象體現，以及其中所包含的感應心法，能夠讓我們在寒冷的冬天，工作時也會大汗淋漓；有時即使是在夏天的季節，工作時卻常常需要將被子披在身上。對於我們來說，夢是真實的，而夢的工作，也就具有這種真實和生動的意義，往往是如臨其境，觸景生情。這種感受和體驗也便是我們後來「情景療法」的基礎和由來。

我用「進行式」，把夢當作正在發生的事件，向波史奈克重新敘述了夢的經過，以及夢境中的感受，我們一起再度進入了那夢中的意象。

> 我正走在海邊，感覺就是在金門海灣的沙灘上，看到水裡漂著一個「書卷」，捲起來的紙筒，上面還有繩結，像是一幅老子畫卷中所捧著的「書卷」，隨著海浪的起伏而逐漸靠近我在的岸邊……

走在海邊沙灘上的感覺很真實，包括那沙灘上的氣氛和感覺，周圍也有我所熟悉的環境，遠處可以望去金門大橋……

當看到海面上漂浮的「書卷」的時候，有一種驚喜。這幅老子的畫卷是我前不久在舊金山博物館中國道家文化展覽中看到的，印象極為深刻。此時看到它，感覺其中包含著難得機遇和極其珍貴的意義。

> ……我感到很特別，於是試著想去拿它，我在靠近它，但它也隨著海浪的起伏而

稍微遠離。

我記得當我記錄這夢的時候，感到它是在「呼喚」或「引導」我似的。

仍然想得到它，想讓它靠近一些，我用手去撥海水……幾乎要到手邊的時候，它卻又隨著海浪離遠了一些……這時，我站起身來想離開，但卻又看到它在靠近……於是，我彎下了身去，盡量把手伸向水裡，即使這樣會弄我的濕衣服；此刻，我的身體幾乎是傾浮在了水面上……恍惚之中便進入了大海，在這「書卷」的引導下，瞬間便來到了一塊陸地。

我能感覺到，尤其是通過身體動作的感受，一種真正意義的體認、體會和體驗，這實際上也是與無意識真實接觸的過程與寫照；大海之上漂來的「書卷」，自然是來自無意識的啟示或禮物，具有真實而生動的意義。首先，「我」需要彎下身去；其次，「我」需要調整「節奏」，或者，是老師的使者，幫「我」調整節奏；然後，便是穿越大海，以及其中所包含的洗禮的寓意和象徵，才得以被帶去見我夢中的老師……而這相見本身，也具有了一種真實的轉化作用。在我的理解中，惟有經過轉化或轉化了的身心，才能如此穿越意識和無意識，穿越時空，穿越陸地與海底……才能獲得真實的心理分析之轉化的意義。

如是，心理分析的過程亦然，需要「彎下身來」，需要調整「節奏」，同時還需要「洗禮」，正如其中穿過大海的象徵。我一向把「誠」與「敬」作為心理分析師或從事心理分析的重要基礎。而「敬」中亦含「淨」義，亦有洗心之謂也。再者，便是耐心和等待，而非輕作造次。正心誠意，精誠所至金石為開，心理分析所追求正是這樣的一種治癒和轉化。

著陸之後，我面對著所到達的地方（面向北方），像是一個島嶼上的「村社」，左邊有一棵大樹，就在我到達那裡的瞬間，那「書卷」變成了一隻鳥，飛起來停在樹上望著我……

這情景栩栩如生，整個夢境依然伴隨著我……「書卷」所變成的「鳥」，也猶如埃及心靈與靈魂的象徵，包括那突出的鳥的眼睛。

夢中的大樹對我來說印象深刻，我本來與「樹」也有著密切的聯繫，夢中常有「大樹」的陪伴。而在我成長的過程中，也確實有樹的伴隨，在我菏澤老家的小島上，常與童時的夥伴在大樹上捉迷藏，而「樹」似乎總是在「照顧」我。記得我們院中的十餘株「榕樹」（這是當地的稱呼，也叫鳳凰樹），竟然在我們離開的時候一起枯萎落葉……一九九三年我在美國南伊利諾開始自我分析的時候，便常與那森林中的一棵大樹對話……人與植物的關係，也包含了一種意識與無意識的關係，並且涉及更為深層的「生態無意識」。

生態無意識，人的自然心性，人與大地的自然情感，也是我後來思考環境心理學以及環境保護心理學的重要基礎。

……這是一處自然而清靜的院落，朦朧中感覺到周圍有一些扶桑花，前面是一幢簡樸的房子……我感覺到，那是我「老師」住的地方；於是，我即刻跪下身來，虔誠安靜地等待著，在等待中來朝拜我的老師……

這自然而清靜的院落，像是電影畫面中諸葛亮的隆中居所。感覺到這是我老師住的地方，而這感覺，也只是夢中才有的感覺。或者說，只是在此夢的意境中，我自然而真切地感覺到這是我老師住的地方。於是，我便自覺而虔誠地跪在那裡等候。

平時我是很少跪下的，只是父母去世的時候，我會下跪祭拜。由於沒有特定的宗教信仰，即使是在寺廟中也很少跪下去。但在夢中，我知道這是我老師的地方，即刻自覺而虔誠地跪在那裡，靜靜地等待，不敢輕易打擾到他。

過了一會，我的老師從裡面出來。我的第一感覺，老師好像是有著「古埃及」的面容和氣質。

在夢中，老師緩緩走來，步履輕鬆，自然而穩健。老師穿著棉布的衣服，樸素而柔和。此時的感覺，那院裡平緩的泥土地面，像我小時候在農村老家的感覺。

我們擁抱在一起，一種如此相互關愛體貼的感覺。我的老師很高大，我的頭只是接觸到他的腰間上一些……而他稍微把我往後推引了一下，我也很敏感，注意到後面有一個臺階一樣的高處，於是就站了上去，這樣我們擁抱的時候我的頭可以靠到他的胸肩。

在夢中，以及在記錄夢的時候，我夢中的老師是很高大的，猶如巨人。但在我與波史奈克一起工作的時候，我始感覺到，由於開始的時候我是跪在地上的，所以，老師過來的時候，就把我扶了起來，並且還站到了一個臺階上，這樣我的頭就可以靠近老師的肩膀。

或許，只能觸及老師腰間的感覺，是童年的我；而將頭靠在老師的肩膀，是已經成長了的我。

老師看上去大約五十五至六十歲左右的年齡。長型的臉，非常的平靜與安祥。儘管是男老師的他，卻讓我感覺有一種女性的氣息或是有女性內涵……

此時，正當我關注夢中這段情景的時候，窗外傳來陣陣鳥鳴……我感覺到，我夢中的老師，是諸多意義的化身……讓我聯想到我第一次夢到莊子，我夢中的莊子也是這樣的年齡，同樣感覺到了那種內在的女性……莊子在夢中教我齊物的道理，教我六爻的變化和易經的結構與規律……

在我們擁抱之中，我能感覺到，我的老師對我很滿意。這麼多年，這是我們第一次見面，對成長了的我，他是如此的欣慰……

波史奈克讓我再多用一點時間，來感受夢中老師的欣慰……我也用自己的身心，來加深這種感受。一種內在的「委屈感」油然而生，是老師對我的接受和鼓勵，讓我感覺到這種類似於艱辛之後獲得收穫的委屈以及成功的感激。對於我的老師，伴我成長，給與我無言教誨的老師，對於這第一次見面，我心中充滿感激與喜悅。仍然能記得當時的感情充沛，眼眶中飽含淚水，是一種充滿感激的感受和心情。

老師給我畫了一幅畫：一隻鳥，黃色透紅的羽毛，毛絨絨的，栩栩如生；在她的後面，有著像是古埃及「inner eye」荷魯斯眼睛似的描筆……

我的老師告訴我，這是他族人的徽章。讓我記住。

然後，老師細心地擦去那隻「鳥」，然後畫了一個另外的符號，對我說，這是目前人們所認識的符號，但已經不是他族人本來的標誌了。

老師很認真地，憑空畫出了一隻鳥，就畫在了空中，無中而生有，完全不可思議，但又如此栩栩如生，活靈活現。這鳥是有生命的，我能感覺到，與我也似曾相似，深情地望著我……

當我沉浸於這鳥的生動意象中時，那種生動和柔潤，給我一種特殊的「心靈」般的感受。

與這夢中的鳥有些重疊的意象，則是荷魯斯的眼睛（Eyes of Horus），記夢的時候用的是「古埃及的心靈之眼」，同樣給我留下了深刻的印象。但夢中的老師，很認真地要我記住，這生動的靈鳥，是我們族人的徽章，讓我一定要記住。

夢中老師非常虔誠和細心地擦去他所畫的，或許是他所召喚來的那隻鳥，如此的恭敬，也似乎是送走牠，或將其留在心中。然後，他畫了另外一個符號，大概是荷魯斯眼睛的變形，然後說，儘管目前人們所認知的只是這樣一個符號，一個外在的形式或標記而已，已經不知道其祖徽原始的生命意義了。或者，我的老師也是在告訴我，所有的符號和象徵本來也都是具有生命意義的，但目前的人們，只是在符號的外形，或僅僅是在理論上認識這些符號，而根本沒有感受到其中具有生命意義的象徵作用。

……然後，老師給我講了一些有關文字和符號，甚至是密碼一樣的事情，只是不能記得了；但夢醒之後，留下了「東夷」與「鳥」的印象。

儘管我仍然能夠感覺到夢中老師向我講述了一些有關文字和符號的內容，甚至還呈現出了一個類似於密碼盤的東西，但已經記不清其中具體的內容了，只留下這樣一個過程和模糊的印象。

不過，在醒來那一刻，卻是記住了「島」和「東夷」，儘管顯得有些奇怪和詫異。

夢之東夷

我老師是住在一個島上，而這島以及他所說的我們的族人，大概是與「東夷」[1]有關。

東夷之「夷」，與我夢中的荷魯斯的眼睛的輪廓非常的相似……於是，給我留下了這樣一種感覺，我們所說的東夷，與埃及也有著某種內在的聯繫。這種聯繫，既與鳥有關，也與島有關。

於是，我在夢中，由我的老師帶入東夷文化的感受。此夢之後，東夷也便進入了我的生活，融入了我的心理分析體驗。

《說文解字》注「夷」的時候作了這樣的記錄：「夷，平也。從大從弓。東方之人也。」「夷」發音近「易」，意亦近；「夷」中有「平」之象，平者近「安」，故夷

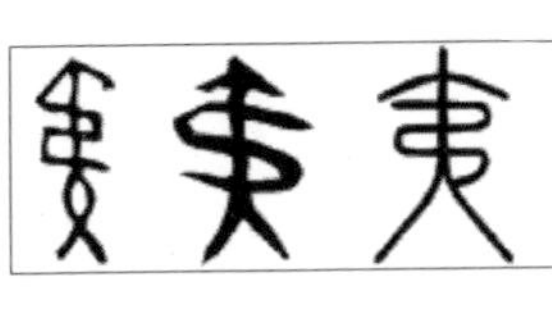

這是我們漢字的「夷」，從甲骨文、金文到小篆體。（引自漢典：http://www.zdic.net）

亦有安之義。《集韻》、《韻會》和《正韻》皆注「夷」為「平也，易也。」《詩·周頌》中有「降福孔夷」的詩句，表達的是平安喜悅的心情。

上方文字是我們漢字的「夷」，從甲骨文、金文到小篆體。

在我的夢中，這「夷」字，與古埃及的「荷魯斯的眼睛」，有著近似的輪廓（見下圖）。

對我來說，這古夷之意象，已有「鳥」的身影。正如荷魯斯和荷魯斯的眼睛，本來具有鳥的象徵。《易經》有「明夷」卦，其初九之爻辭曰：「明夷於飛，垂其翼」，已是鮮明的飛鳥意象。而「明」者，鳴也，同為鳥之延伸。在東夷文化的圖騰中，鳥正是其中最重要的代表。就易經之明夷卦而言，「明」為離為日，因而，這明夷，也必然與太陽鳥之意象有關。

太陽鳥和太陽神的意象，也見於伏羲之太昊的稱謂中。而伏羲太昊也正是

古埃及荷魯斯的眼睛

[1] 東夷主要指中原之東方人，是中國古代，尤其是商周時期，對中國東部海濱諸部族的泛稱。史載東夷人身材高大、民風淳厚、喜騎射、善征戰。他們的部族中湧現過許多英雄傳奇人物，如太昊、少昊、蚩尤、後羿等。東夷人後來逐漸演化為許多原始部落，統稱為「九夷」。據《竹書紀年》及《後漢書．東夷傳》記載，「九夷」包括畎、于、方、黃、白、赤、玄、風、陽等九姓。東夷人是中國最古老文字、弓箭、禮制和金屬的發明和使用者，由東夷人所創造的東夷文化是中國最古老的文明之一。

東夷文化的代表和象徵。

「古者包犧氏之王天下也，仰則觀象於天，俯則觀法於地，觀鳥獸之文與地之宜，近取諸身，遠取諸物，於是始作八卦，以通神明之德，以類萬物之情……」這是《易經．繫辭》中對《易經》之起源的描述。「鳥」以及與鳥（隹）有關的意象不僅體現在「明夷」卦中，《易經》的中孚：「鳴鶴在陰，其子和之……」；漸卦：「鴻漸于陸，其羽可用為儀……」等諸多卦象均充滿生動的鳥之意象和象徵。

東夷文化中存有古老的樂器和音樂傳統。在大汶口、北辛、岳石和龍山等主要的東夷文化遺址，都有出土骨笛、陶笛、陶塤、陶號角、陶鈴等古樂器。《呂氏春秋．古樂篇》中記載：「昔葛天氏之樂，三人操牛尾，投足以歌八闋：一曰〈載民〉，二曰〈玄鳥〉，三曰〈遂草木〉，四曰〈奮五穀〉……」《書．益稷》中有：「〈蕭韶〉九成，鳳皇來儀。」其中已是包含了東夷文化的古風和古樂。

《樂記》曰：「感於物而動。故形於聲。聲相應。故生變。變成方。謂之音。比音而樂之。及干戚羽旄，謂之樂……宮商角徵羽，聲也。絲竹金石匏土革木，音也。」正如《說文解字》的注解：「（音），聲也。生於心，有節於外，謂之音」。《毛詩大序》也有類似的闡釋：「……在心為志，發言為詩。情動於中而形於言，言之不足故嗟嘆之，嗟歎之不足而詠歌

伏羲女媧圖，唐初出土遺物
圖中上部繪日，中有三足鳥；下部繪月，中有玉兔、桂樹、蟾蜍；圖中點綴的圓點代表天宇星宿

之，詠歌之不足，不知手之舞之，足之蹈之也。」其中已存有心理治療和心理分析的至理，直至今日，依然具有實際的操作性意義。

大音希聲，夷希恍然。即使是天籟之音，也需有本心之感應。正如莊子所說：「夫天籟者，吹萬不同，而使其自己也，咸其自取，怒者其誰邪？」（《莊子·齊物論》）

老子有言：「大道甚夷而人好徑。」也正是這樣一個「夷」字，使得我加深了對《道德經》之心理分析的理解。老子曰：「視而不見，名曰夷；聽之不聞，名曰希；搏之不得，名曰微。此三者不可致詰，故混而為一。其上不徼，其下不昧，繩繩兮不可名，復歸於無物。是謂無狀之狀，無物之象，是謂惚恍。迎之不見其首，隨之不見其後。執古之道，以禦今之有。能知古始，是謂道紀。」（《老子》第十四章）老子還說：「孔德之容，惟道是從。道之為物，惟恍惟惚。惚兮恍兮，其中有象。恍兮惚兮，其中有物。窈兮冥兮，其中有精。其精甚真，其中有信。自古及今，其名不去，以閱眾甫。吾何以知眾甫之狀哉！以此。」（《老子》第二十一章）。於是，在這夷希之微和恍惚之妙中，便包含了心靈的奧祕和心理分析的深意。

東夷之「東」，在《說文解字》中被注為「動也。從木。官溥說：從日在木中。凡東之屬皆從東。」

《鄭樵．通志》曰：「日在木中曰東，在木上曰杲，在木下曰杳。木，若木也。日所升降。」於是，在漢字「東」的意象中，包含日的升降，實與太陽有關。若木也為扶桑，正象徵太陽歇息的神樹。唐代李嶠在其《日》詩中曾這樣描述：「日出扶桑路，遙升若木枝。」《楚辭．離騷》中也有「折若木以拂日兮，聊逍遙以相羊」的詩句。中國神話中有關於日神羲和的傳說，羲和與其十個孩子，金色的太陽鳥，居住在東海外無底之谷的扶桑樹上。十位金鳥輪流當值，用日光照耀天下。

陽光普照即含生長。漢字的「旦」被注解為「明也，風一上。一，地也。」（《說文解字》）其中便包含著「日始出」地平純之意象。「出」也為「進」，象木益滋生。

「東」與方位有關，與天象和天文有關。《詩．大雅》曰：「東有啟明。」《爾雅．釋地》中用了「東至於泰遠」。《淮南子．天文訓》中說：「東方木也，其帝太皞。」已是可見其中與泰山、東夷以及太陽傳說的自然聯結。

從此以後，東夷文化更使我神往。我的夢也給我留下了這樣一種朦朧的印象：東夷文化與古埃及文化有著不解的淵源，有著某種內在的聯繫，至少是在心靈層面的連接。或許，回溯千萬年，其中也有著共同的緣起和養育。

甲骨文

小篆

夢象之凝聚

獲得與老師夢中相見的夢不久，我列席參加舊金山榮格學院的理事會，並做了有關我作為「分析心理學國際學生」的學習和工作報告，也包括我自己的心理分析經歷和體會。其中，我提到了所做的這個夢，我所夢到的夢中老師。

有人提問，你如何解釋，為什麼是在這個時候做了這樣一個夢呢？提問的是舊金山榮格學院的一位理事，資深的心理分析師。我當時回答說：「這也是我反覆思考的問題，為什麼是這個時候，在美國舊金山的金門海灣莫瑞納，夢到了我夢中的老師。」

接著，我首先感謝了柯莎莉，我的房東。因為夢發生在她的房子裡。我喜歡舊金山，San Francisco，如詩如畫的名字。在我開始學習心理學的時候，一九八四年，曾在夢中獲得一句話：「寓於山中置木於水」。總是百思不得其解而又每思必有所獲，來到了舊金山，住在金門海灣莫瑞納，海天一色山水相連，使我亦有賓至如歸的感覺。

那麼，「為什麼是在這個時候做了這樣一個夢呢？」

在舊金山的榮格學院，有許多富有智慧的老師，我隨口說出了一些老師的名字，他們大部分在座，如：喬．漢德森、凱．布萊德溫、瑪麗．喬．斯賓塞、湯瑪士．克許、珍．克許、約翰．畢比、柯莎莉、哈爾．巴特（Hal Batt）、瓊．喬得羅（Joan Chodorow）……有我亦師亦友的同學，有堪稱我老師的病人和諸多來訪者……可以說，正是這諸多的經歷，匯集凝聚為我夢中的老師，或者說，大家也正是我夢中老師的化身和體現……說得大家頻頻點頭，讚聲不絕。

我說，這夢中的老師，甚至也有我童年啟蒙老師的身影。

說起來有所不幸，我剛上小學，就趕上了「文化大革命」，遭遇了學校的全面停課。但不幸中亦有幸運，我遇到了我的啟蒙老師。

我們中文的「夢」字，已是與「啟蒙」之「蒙」有所聯結，不管是其字形還是發音。而我們心理分析之夢的工作，也正包含一種心理和心智的啟蒙。

我五歲多進入小學後的主要記憶之一，便是高年級的「紅衛兵」們，來到我們位於「南華公園」南邊的菏澤第二小學校園，高喊口號，鼓動「停課鬧革命」，押走正在為我們上課的老師。

不久，我們家隔壁的大教堂，也在幾天內被摧毀，我們也被逐出家園，輾轉搬到了菏澤唯一的「小島」上。菏澤古城有七十二個湖泊，這是諸多湖泊形成的唯一尚存的湖心島，當地人就簡單地稱其為「小島」。

父母被迫離家去「被改造」，我和我妹妹仍然每天去學校，儘管學校已經沒有了課堂。就在這小學的傳達室裡，多了一位白髮的長者；他本來是學校的教務長，被作為「資產階級白專」的典型罰來守門。

他每次見到我，便把我拉進他的傳達室，盡心教我啟蒙的知識，給我布置作業和閱讀的書籍，吩咐我觀察生活，啟迪我思考的能力。

在這停課與混亂中，我遇到了我的老師，荒蕪的校園有了些許綠色和生機。

時隔不久，他在批鬥中暈倒，被送去了醫院。

也只是七歲左右的我，買了些點心和水果，去醫院看望他。

我仍然記得，我的老師，躺在簡陋的醫護室的病床上見到我時的目光，目光中充滿欣慰與期望。

老師的教誨，存入了我的記憶；老師的身影，留在了我的內心深處。這其中不僅有知識的傳授，更為重要的是心智和情感的啟蒙。

當我想起我的老師時，我也總是想到他。

我的老師，啟蒙了我的心智和情感的老師，就這樣一直陪伴著我。在他的意象中，也有著我童年所經歷的其他一些老師的身影；他們也融入了我夢中老師的存在。

我的心理學專業學習是由高覺敷先生指導的，我隨他完成了碩士和博士連讀，畢業後作為其學術助手跟隨他數年。

高覺敷是將精神分析引入中國的主要學者，從二十世紀二〇年代始，先後翻譯出版了佛洛伊德一九〇九年在克拉克大學的《精神分析五講》，以及其主要著作《精神分析引論》和《精神分析引論新編》。即使是在今天，許多中國人對佛洛伊德和精神分析的瞭解，主要是通過高覺敷先生的翻譯，這翻譯也便促成了精神分析之中文的命名化過程。

二十世紀最初的二十年，動盪的中國在其現代化的進程中徘徊，佛洛伊德和其精神分析悄然進入了中國知識界。一九八〇年，中國改革開放的前哨戰已經打響，人慾橫流，猶如大江大海的震盪，佛洛伊德及其精神分析，也從其「無意識層面」逐漸進入中國人的意識和生活；就在那時，高覺敷重新校對出版佛洛伊德《精神分析引論》（一九八二）和《精神分析引論新編》，並且在南京主持了「全國首屆佛洛伊德講習班」，我也作為講員參與其中。當代中國對佛洛伊德的接受，被法新社記者稱之為「中國真正開放」的標誌與象徵。事實上，精神分析和心理治療，以及分析心理學在

在高覺敷老師家中（1992）

中國的發展，也都與中國最近幾十年的現代化進程息息相關。

隨著中國的改革開放和經濟發展，心理疾病以及與此有關的心理治療，已是日益引起人們的關注，逐漸扮演愈加重要的角色。不管是心理諮詢或是心理治療，還是已經引起人們關注的心靈的治癒與超越。

於是，高覺敷自然也與我夢中的老師有關聯。

為了支持我上面的觀點，我也引用了和我的老師高覺敷及漢德森有關的一個夢。

夢中，我身處一片未知的原野，東北面有一座山，西北大概也有綿延的山峰，東南和西南則是漫漫的荒原……我想著生火取暖或準備煮些東西來吃，或者是要準備夜晚的來臨，於是找來了一些樹枝……有位山裡的長者站在我的旁邊，帶有印第安人的感覺。我找來的樹枝都很粗大，我把它們搭起來，準備找些細小的樹枝來點燃。但一時在附近怎麼也找不到這樣細小的樹枝。就在這時，一直站在我旁邊的那位山裡的長者，順手拿起一根很粗的木棍，很輕鬆地就把它點燃了起來，隨手交給我，幫我生起了所需要的篝火……

在同一個晚上的夢中，醒來之前的夢境：我和高覺敷老師在書房。高老師坐在電腦旁，我站在那裡。夢中的感覺很特別，我有些意外地看到高老師也能使用電腦了。

就在有了此夢的當天上午，我過去漢德森老師家中上課。漢德森先生住在山裡。我是最先到的。已近百歲的漢德森，很喜歡學生和客人的來訪，你能感覺到他那發自內心的高興。

漢德森老師對我說：「我們是不是要點燃壁爐呢？」

我應聲說：「好啊。」

我知道，點燃壁爐不僅是為了取暖，也是一種禮儀，也是點燃一種「氣氛」。於是，我從室外取來木柴，仔細地排放在壁爐裡，搭起一些足夠的空隙。然後找了一些不用的報紙……準備就緒，也找到了火柴，但卻一時找不到「打火」的火柴盒。我小時候用火柴的時候，總是要用火柴盒才能擦著火來的。實際上，這是我第一次在西方客廳的壁爐生火。

漢德森就站在我的旁邊，他沒有說話，從我手中接過火柴，這是那種很長木條的火柴，順手在壁爐的邊沿擦了一下，然後把燃著的火柴交給了我……非常優美的一個動作。

就在那一刻，也點燃了我的夢……

後來我聽說，正是由於我的工作報告，使得這「分析心理學國際學生」項目得以在美國舊金山榮格學院繼續。因為那正是學院理事會評估這國際專案的價值，決定是否需要繼續支援和資助的關鍵時刻。

茅夷體驗

二〇〇二年四月的某一天，我接到高登・柏克（Gordon Becker）從夏威夷茅夷島打來的電話，

[2] 瑪麗・喬・斯賓塞是資深的榮格心理分析師，同榮格一樣，刻苦鑽研《易經》和道家哲學。她七十歲時始開始學習漢字，八十歲後便能用漢字閱讀道家文獻。

▲在舊金山與漢德森老師（2001）

◀在舊金山與瑪麗・喬・斯賓塞老師[2]（2000）

說有一位甚具傳奇色彩的朋友，富有使命的「講述者」（storyteller），禪修多年，正在我們的東方智慧學院講學，很想我能過去和她見面交流。

高登是我在美國內布拉斯加大學做富布萊特學者時的房東，他當時是內布拉斯加大學奧馬哈分校（UNO）的教授，耶魯大學的臨床心理學博士，早在一九七〇年代便在美國開設了「東方心理學」課程。高登退休後搬去了夏威夷的茅夷島。他約我和幾位開設東方心理學課程的美國教授們一起，創辦了美國「夏威夷東方智慧學院」。高登．柏克作為「東方智慧學院」的主要發起人，創辦此學院的主要目的之一，是要把我和高嵐留在美國。

我告訴高登在舊金山榮格學院的工作安排很緊，恐怕暫時不能過去夏威夷看他。過了幾天，高登又打來電話，跟我說這位被稱作「講述者」的朋友實屬一位奇人，體內同時居住十二個有著各自語言和特殊能力的「人格」，這使得她具有超凡的功能。或許，這也正是她多年來備受學生和追隨者歡迎的原因。但同時，她本人也一直備受「煎熬」，目前幾乎已經不能再承受這體內的十二個人或十二種人格的爭吵和衝突，自己感覺時日不多，已準備好了往生。高登督促我說，你一定要過來，她想在去世前見你一面，只有你能救她了。你若是和她見面，對她和對你都至關重要。

儘管我能感覺，實際上還是高登很想見我，而「傳奇講述者」只是他的一個理由，但仍然覺著應該過去看看。我和莎莉說了高登和「傳奇講述者」的情況，詢問她如何去到茅夷島。但莎莉不主張我前往，作為資深的榮格心理分析師，以及曾任舊金山精神病總院醫務主任的她，認為這基本上屬於誇張或妄想，甚至是人格的分裂而已。

不過，我仍然聽從了自己的感覺，安排出時間，來到了夏威夷的茅夷島。高登說得對，這次旅行對我意義非凡。

我的夢也始終陪伴著我。或者說，此行也正是我夢境的延續。

高登和他太太安德莉亞（Andrea）見到我簡直是喜出望外。因為我並沒有事先告訴他們具體的到達時間，而是突然出現在他們面前。

我被戴上了「蕾夷」的花環，首先學會了「阿羅哈」（Aloha），到了夏威夷島必然要說的一句話，除了表達一般意義上的「你好」和「歡迎」，便是由衷地祝福，也包括了「我愛你！」

當天晚上，高登約了一些朋友，在茅夷海岸救援隊隊長的家裡為我接風洗塵。茅夷島的東面住著不多的人家，當地沒有正式的軍隊，而這海岸救援隊也就帶有某種軍方的性質，包括高登本人，他曾是美軍海軍陸戰隊的飛行員，相約的幾位朋友都具有美軍「預備役」的身分。

這位海岸救援隊隊長喜歡航海，門前的院子裡樹立著一艘漂亮的帆船，非常醒目。這是一棟很大的房子，依山勢而構築，在房屋裡也可居高臨下，望見浩瀚的大海。

我手中拿著酒杯，走去主人特意設計的一個面向西邊的寬敞瞭望台，獨自憑欄觀望那海天一色的景致，隱約中若有所思。

安德莉亞走了過來，我們一起坐在木製的臺階上，仍然遙望遠處，欣賞著那茅夷島特有的夕陽景色。

此時，當夕陽逐漸隱去，西邊的天空浮現出一隻「雲鳥」，如同我夢中老師所畫的靈鳥一模一樣。我驚訝地站了起來，凝神仰望……似乎是感覺到了什麼，安德莉亞也站了起來，帶有詫異地問我：「怎麼啦？」

我仍然仰望著這天空中浮現的金黃色的鳥，對安德莉亞說：「你看，你看天上的鳥。」

安德莉亞看了半天，然後問我：「你是說天上的雲彩嗎？」

我說：「是啊，這天空的雲彩不是很像一隻鳥嗎？」

安德莉亞似乎是明白了，不斷地說：「是很像，是很像……」

……

這時，主人叫我們過去，晚飯已經準備好了。

我讓安德莉亞先過去，而我自己，仍然守在那裡，仍然為那天空中的雲鳥所吸引，一直仰望著，直到它逐漸地隱去。

這時，又聽到高登的呼叫聲，讓我過去一起吃晚飯。

晚餐是夏威夷島上傳統的「盧奧」（Luau）。這「盧奧」源自波里尼西亞的節日聚會，以其特別的燒烤著稱，伴有各式的佳餚，以及香蕉和鳳梨等當地的水果。主人十分好客，大家也盡情享受，十分開心。

高登向大家介紹說，我是他的好朋友與好兄弟，是他所認識的最出色的心理學家和心理分析師。

我和高登有著兄弟的情誼，他是最早在美國開設東方心理學課程的大學教授之一，對於東方文化充滿感情。他曾把兒子送到中國，住在我們家作為我們的養子，就是希望他能夠在中國學習中國文化和東方心理學。

對於心理學和心理分析，尤其是東方心理學，大家依然表露出不同的好奇，紛紛稱其為神祕。

茅夷島黃昏時的天空

但我仍然惦記著那片天空，那片呈現出我夢中靈鳥的天空。

看著差不多算是要結束這夏威夷的大餐了，與主人和朋友們閒聊片刻，我便迫不及待地又走去那瞭望台，心中依然牽掛著那片天空和雲彩。

此時，已是夜幕籠罩，天上閃耀著明亮的星星。

這茅夷島上的星星，是如此的燦爛，星光灑落，猶如童話般的詩篇與畫卷。

我靜靜地沉浸其中。

偶然間，當我再望去那片靈鳥的天空時，奇蹟出現，那鳥的身影依然在閃爍……不再是雲彩，而是星星的凝聚，眾星閃耀，交相映輝，展現的仍然是那靈鳥的模樣，神氣依然。

真實的天景奇觀，也猶如我在泰山上的夢中景象。

在那一刻，一種內在的感動從心底深處湧現，伴隨著盈眶的淚水，以及整個身心的震撼。

有誰能夠將雲彩召集，來呈現這靈鳥的身影呢？

又有誰能夠如此調運星宿，來演繹這無窮的啟示呢？

像在夢中面對我的老師，我心中充滿感激，頂禮膜拜。

……

高登和安德莉亞一家在茅夷島上的莊園

晚飯後，我們駕車返回高登家。那是一片很大的私人莊園，有七棟別墅錯落其間，安德莉亞的媽媽和妹妹一家都住在那裡。安德莉亞的媽媽外出旅遊了，我就住在她的那棟房子裡，獨具風格的鄉間別墅。

臨睡之前我打開電視，偶然間停在了一個「歷史頻道」上，這是我在美國多年來第一次看到這樣一個「歷史頻道」（History Channel）。

電視中正在播放有關埃及文字和埃及文化研究的節目。幾位學者在呈現其最新的發現，講述傳說中的蠍子王和最早的文字創作，重點解讀的竟然正是「鳥」的象形與含義。曾靠查字典來流覽埃及文字的我，本來是知道「埃及文字中的鳥」是寓意「心靈」、「神靈」或「靈魂」的，但在那時刻，這古文字中的鳥，卻與我夢中的靈鳥著實地連在了一起。或許，當初我夢中所感受的夢中老師的埃及氣度，是有其道理的。

就在那一個夜晚，在茅夷島上，我的夢依然在陪伴著我。

有她相隨，已是我此生的福份。

茅夷：島與鳥

次日早晨，我在高登家客廳的洗手間，看到牆上掛著的一幅茅夷島地圖。這是一幅用凸起的材料製作的帶有某種立體效果的地圖，它給我的第一印象，竟然像我在夢中「跪拜」我夢中老師的模樣。同時，它與我在沙盤體驗中所經常使用的「石鳥」，被我稱之為「孤獨石鳥」的沙具非常的相似，神形具足，人形中包含著特別的鳥的意象。

於是，我叫來高登和安德莉亞，問他們說：「你們看這茅夷島的地圖像什麼呢？」

兩人對著他們已經生活了多年的茅夷島的地圖看了半天，大概是沒有看出什麼特別的地方。高登接著反問我，「那你說像什麼呢？」

我說，「看起來像是一個跪著的人，但實際上是一隻特別的鳥，一隻低頭垂思的鳥」。

高登靠近地圖，仔細端詳了片刻，然後說，「果然，是像一隻鳥。」

我讓他們等一下，打開了我的電腦，讓高登看一下我做的沙盤。

在沙盤遊戲個人體驗過程中，我常常使用那只被我稱之為「孤獨石鳥」的沙具。儘管我經常使用「他/她」，但並不知道其寓意何在，只是和她默默交流……或許，正是這種默默地交流，正是她，作為我夢中老師的使者，引領我到了我夢中老師的地方。跟隨著我的夢，我也被引來茅夷島，而她，與這茅夷島的地圖如此相似的她，早已在此等候……

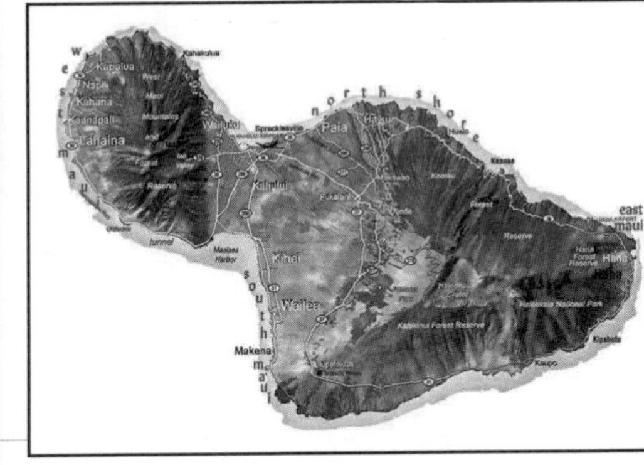

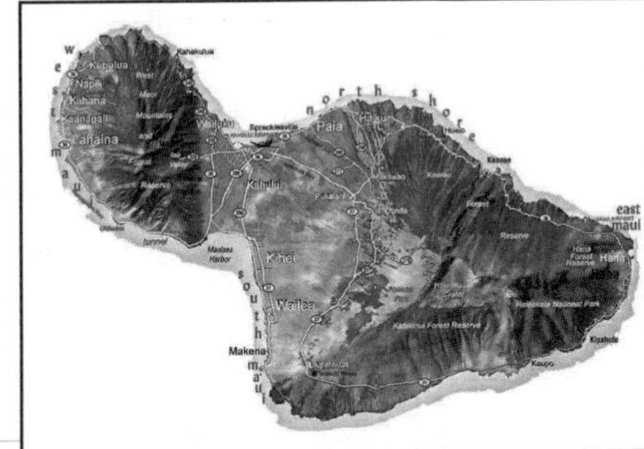

我在沙盤體驗中常用到的「孤獨石鳥」和茅夷島的地圖

在我的沙盤體驗中常有茅夷島的影子

「島」者，到也，人所奔到也。《說文解字》注曰：「海中往往有山可依止，曰島。從山鳥聲。」在那遙遠的夏威夷尤其是這茅夷島，便依然保留著這「島」的原型意象。

早飯後，高登要帶我們駕車遊覽全島。開的是安德莉亞的車，好多年之前，我也正是用這輛車學會駕駛的，他們把它從內布拉斯加的奧馬哈托運來了夏威夷。

金色的陽光，灑滿金色的海灘，迷人的大棕櫚在海風中搖曳，岸邊的礁石激起浪花飛舞，放眼望去盡是遠帆點點。不時會聽到「阿羅哈」、「阿羅哈」的祝福，我也總是報以會心的微笑。隨處可見獨木舟的裝飾和太陽神的標誌，還遇到人們在其「原始之家」用呼啦舞來呼喚火山女神……所到之處都是美不勝收，一種特有的自然的氣息，一種讓人想要返璞歸真，讓人流連忘返的魅力。

高登儘管已是年過古稀，但一路上依然是孩子般的興奮。他不時用我所說的意象來作與「鳥」和「島」有關的描述：「你看，我們現在是在你說的鳥的脊背上」；「你

漢字小篆中的「島」

看，我們現在是到了你的鳥的脖子上」；「等一會我們就去看鳥的眼睛」……

實際上，茅夷島上的原著民本來是以鳥為圖騰的，並且是與日神有關的太陽鳥。而這種鳥圖騰及其崇拜，或與中國的東夷，以及埃及，有著不解的淵源。

東夷與東海

從舊金山來到夏威夷茅夷島大約旅行了四千公里；若是一直往西，再走四千公里的話，便能抵達日本和台灣諸島，接近亞洲大陸。

「夏威夷」一詞源於波里尼西亞語。據說，在西元四世紀左右，有一批波里尼西亞人乘獨木舟破浪而至，在此定居，為這片島嶼起名「夏威夷」，意為「原始之家」。波里尼西亞人或美國的印第安人，以及遠古的中國，都與此東夷文化有特殊的聯繫。

傳統上的波里尼西亞人及其海洋文化涵蓋了太平洋上的大部分範圍，形成了太平洋海面上的巨大三角形。這三角形的頂角便是夏威夷群島，兩個底角分別為紐西蘭和復活島。波里尼西亞，Polynesia由希臘文poly及nesoi共同組成，poly意為眾多，nesoi意為島嶼。

茅夷島上夷奧山谷的聖景：夷奧神針（Iao Needle），與海神有關的山峰

在夏威夷的傳說中，茅夷島源於一位名叫「茅夷」（Maui）的神氏，為了民眾的修養生息，與太陽神達成契約，使其以茅夷的哈雷阿卡拉火山為家，賜福給茅夷人。至今，茅夷島上最吸引人的聖地，仍然是被稱之為「太陽之屋」（Haleakala）的山谷。

在我的心目中，夏威夷，茅夷，與古東夷文化有著密切的聯繫。在我的夢中，他們曾融為一體，血肉相連。儘管在史學上，其中尚有溝壑，其聯繫可能永遠都是一個謎。

億萬年前，夏威夷群島由太平洋海底火山噴發而初露端倪，火山從大海中湧現，火山熔岩復流入大海，千百萬年的歷程，最終形成了美麗動人的夏威夷群島，猶如璀璨的明珠，在浩瀚的太平洋中閃耀。

在中國的古代傳說中，東海中有神祕的大石山，被稱之為「沃焦」（沃焦）或「尾閭」。郭璞之《玄中記》中云：「天下之強者，東海之沃焦焉，水灌之而不已。沃焦者，山名也，在東海

茅夷島上被稱之為「太陽之屋」山谷中的雲霧

南，方三萬里。」莊子在其〈秋水篇〉中描述大海的時候說：「天下之水，莫大於海，萬川歸之，不知何時止而不盈；尾閭泄之，不知何時已而不虛。」成玄英疏曰：「尾閭者，泄海水之所也。」對於「尾閭」，李善注引司馬彪曰：「尾閭，水之從海水出者也，一名沃燋，在東大海之中。尾者，在百川之下故稱尾。閭者，聚也，水聚族之處，故稱閭也。在扶桑之東，有一石方圓四萬里，厚四萬里，海水注者無不燋盡，故名沃燋。」

在中國古代，沃燋或稱尾閭，尾閭也稱「歸墟」。如《列子．湯問》曰：「渤海之東，不知幾億萬里，有大壑焉，實惟無底之谷，其下無底，名曰歸墟。八紘九野之水，天漢之流，莫不注之，而無增無減焉。」

成玄英在注解《莊子．秋水篇》的時候，還曾疏引《山海經》曰：「羿射九日，落為沃焦。」吳任臣《山海經廣注》輯《山海經佚文》云：「沃焦在碧海之東，有石闊四萬里，居百川之下，故又名尾閭。」

莊子借用北海若所講述的有關大海的道理，實乃人生及心靈的境界：「井蛙不可以語於海者，拘於虛也；夏蟲不可以語於冰者，篤於時也；曲士不可以語於道者，束於教也。今爾出於崖涘，觀於大海，乃知爾醜，爾將可與語大理矣。」我們的心理分析亦然，其中要旨乃是心靈境界，我們所追求的，也是人性所能達到的那種猶如大海般的心境。《莊子．秋水篇》中描述了「大海之大樂」，呈現了非梧桐不止的鵷鶵意象，闡釋了「天在內，人在外，德在乎天」的道理，傳授了「觀感化物」、「反其真」和「自化」的方法與途徑。

在中國古代經藉中對「沃焦」和「尾閭」的種種紀錄和描述，很容易使人聯想到這太平洋之中的夏威夷。

夏威夷人視扶桑為其最喜愛的花。在夏威夷的傳統中，也存有鳥的圖騰和崇拜。

顏之推在其《顏氏家訓．歸心》中說：「三世之事，信而有徵……東流到海，何為不溢？歸塘尾閭，渫何所到？沃焦之石，何氣所然？」同時，顏之推亦在其〈歸心篇〉中說：「形體雖死，精神猶存……世有魂神，示現夢想。」對我來說，這夢是真實的，具有其真實的心靈意義。

以記述美國本土印第安文化為己任的印第安詩人萊絲莉．希科（Leslie Marmon Silko），曾寫有這樣一首〈向太平洋祈禱〉的詩篇：

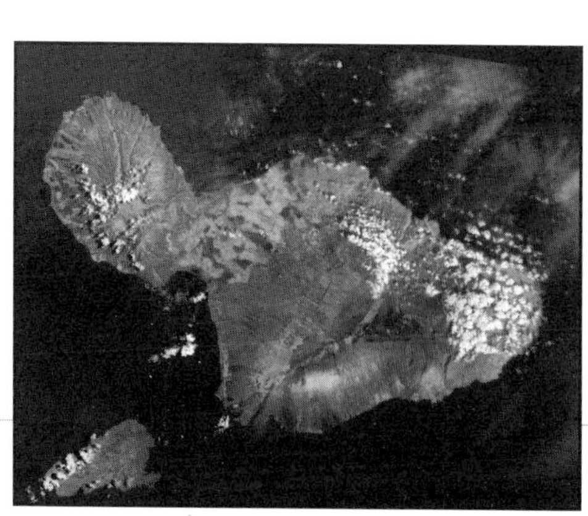

空中俯瞰茅夷島

陽光燦燦，海水茫茫，
去中國，飄流西向。
海灣就在那裡誕生，
潮濕的雲，懸遊在沙灘上。
三萬年前，印第安人，
騎著巨大的海龜，
渡過了這浩瀚的大洋。
那一日有滔天白浪，
大海龜在灰暗的海面，
日落的遠方，
慢慢地涉水而出，
游向太陽，
從此不知去向……
於是，從那遠古的時代開始，
如同老人們所說，

雨雲來自西方，
才幹來自海洋，
風中的綠葉，腳上的濕泥，
吞食著，來自中國的雨點蒼蒼。

這是我從網路（東夷部落：http://hi.baidu.com/xuezhongkai/blog/item/cefe634384fe52139313c6b2.html）上看到的中文翻譯。作者在其英文的原文排列中，用其別具一格的排列方式，也在透視著某種超越文字的寓意。

Prayer to the Pacific
——By Leslie Marmon Silko

I traveled to the ocean
distant
from my southwest land of sandrock
to the moving blue water

Big as the myth of origin.

Pale
pale water in the yellow-white light of
sun floating west
to China
where ocean herself was born.
Clouds that blow across the sand are wet.

Squat in the wet sand and speak to the Ocean:
I return to you turquoise the red coral you sent us,
sister spirit of Earth.
Four round stones in my pocket I carry back the ocean
to suck and to taste.

Thirty thousand years ago

Indians came riding across the ocean
carried by giant sea turtles.

Waves were high that day
great sea turtles waded slowly out
from the gray sundown sea.
Grandfather Turtle rolled in the sand four times
and disappeared
swimming into the sun.

And so from that time
immemorial,
as the old people say,
rain clouds drift from the west
gift from the ocean.

Green leaves in the wind
Wet earth on my feet
swallowing raindrops
clear from China.

我曾反覆頌誦過這首〈向太平洋祈禱〉。我的一位心理分析老師曾告訴我，你若要想真正瞭解美國人，那麼，就需要關注美國人的靈魂。在我們當今稱之為「美國人」的內心深處，有著這樣三種「靈魂原型」：其一，是美國人的歐洲白人血統及其臉龐；其二，是非洲的黑人及其身軀；其三，是美國的印第安人及其體魄。

但就在其中，也應有「中國人」的身影。榮格認為，美國的印第安人，正是那千萬年前穿越白令海峽大遷徙的中國人。我也曾憑藉想像，想像那千萬年之前的遷徙。這支中國人，或許正是東夷人；恍惚中又傳來牧羊人的鈴響，或許，那也正是穿越了時空的古羌人……「風中的綠葉，腳上的濕泥」……其中也包含來自中國的雨點蒼蒼。

夢回洗心島

一九九三年首次遠渡重洋赴美求學，其間轉輾瑞士蘇黎世和美國舊金山，至二〇〇三年完成國際分析心理學會（IAAP）和國際沙盤遊戲治療學會（ISST）的所有考核，同時獲得了IAAP和ISST的心理分析師資格，十年漂泊，終於回來國內。

那是一個週末，與友人結伴出遊，來到了廣州北郊龍洞的天麓湖。

儘管山路泥濘，但我們興致依然，遊至黃昏，又想著在這天麓湖留宿。

冥冥之中，便被引到了這天麓湖的幽深處，我夢寐以求的洗心島。

仍然記得當時的景象和感覺。走到似乎是盡頭的樹林前，幾棵百年老榕樹遮蓋起一片綠鬱蔥蔥的天地，灌木類的植物縱橫錯落其間，依稀留有鋪

（左起）：湯瑪士．克許（IAAP前任主席）、高嵐、珍．克許（與卡爾夫一起工作的資深沙盤遊戲治療師）、申荷永

滿野草的林中小道。我環身四顧，始發現這幾棵碩大的古榕，似乎呈現出一種特有的門戶。細心往前走過一會，穿越一條長滿茂密花草的彎曲小橋，便到了洗心島的入口處。

進得洗心島的大門，左邊是一排盛開的扶桑花，右邊則是幾棵百年荔枝樹，前面是一個清靜簡樸的院落……鳥兒不停地叫著，傳來有節奏的陣陣共鳴……恍惚之中，我已身處我夢中老師的處所。

這是一個蓮花形的小島，藏身於龍洞鳳凰山中，四周由天麓湖環繞……天然一處，靈毓氤氳，這是我夢中老師所住的地方，親近於此頓時恩澤充沛於心。

為了我夢中的老師，我就守在了這洗心島。

從此，良師益友相繼來訪，國際分析心理學會（IAAP）和國際沙盤遊戲治療學會（ISST）暨國際意象體現學會（ISEI）的數任主席也都曾留住於此，皆讚美其自然的氣息和蘊涵，稱其為中國心理分析與沙盤遊戲治療的搖籃。

二〇〇六年九月，國際分析心理學會和國際沙盤遊戲治

（左起）：卡提卡・帕西克（Katica Pasic）、申荷永、琳達・坎布雷（Linda Cambray）、喬・坎布雷（Joe Cambray，IAAP秘書長）、默瑞・斯丹（IAAP主席）、喬西・帕西克（Josip Pasic）

療學會主要負責人聚集洗心島，舉行一次特別高峰會議。會議達成了一項重要決議，IAAP正式將沙盤遊戲治療作為分析心理學的應用分支，這對於分析心理學和沙盤遊戲治療在二十一世紀的發展都至關重要。此次會議重中與強調了榮格分析心理學作為沙盤遊戲治療技術的基礎，以及IAAP和ISST共同致力於在中國的整合性發展。

第三屆心理分析與中國文化國際論壇就在洗心島畔舉行，大會主題是：「靈

IAAP/ISST洗心島高峰會議後的合照（2006）

（左起）茹思．安曼（Ruth Ammann，ISST主席）、琳達．蓋拉德（Linda Gaillard）、默瑞．斯丹（IAAP前任主席）、克里斯琴．蓋拉德（Christian Gaillard，IAAP主席）、申荷永、約翰．畢比（美國舊金山榮格學院院長）、琳達．坎布雷 、喬．坎布雷 （IAAP秘書長）、伊娃．帕蒂絲（ISST秘書長）、魯伊基．肇嘉（IAAP前任主席）、高嵐、徐峰

在洗心島畔舉行的第三屆心理分析與中國文化國際論壇（2006）

性：倫理與智慧」，來自世界各地的兩百餘心理分析學者匯聚於此。大會之前，我與斯丹、畢比和喬．坎布雷等幾位心理分析與中國文化國際論壇的主要策劃者，圍坐一棵百年古樹下，討論分析心理學在中國的發展。大家以「心理分析在中國的發展，以及發展中可能的湧現」起卦，得「鼎」，變卦為「未濟」。當榮格要為衛禮賢翻譯的《易經》撰寫前言的時候，他曾猶豫再三最終求問《易經》，也是遇到這「鼎」卦，於是欣然撰寫了長篇引介。榮格態度的轉變得之於「鼎」中之「精神的滋養」：「大亨以養聖賢」，正是倫理與智慧的內涵。「鼎」之象巽下而離上，含轉換之意，猶如鑽燧取火，以化腥臊，心理分析的治療與治癒又何嘗不是如此。「未濟」離上而坎下，水火同在，柔而得中，君子之光，其暉吉也。程子曰，「君子積充而光盛，至於有暉，善之至也」。這也正是心理分析與中國文化之未來與發展。洗心島也因此被寫進了榮格心理分析和沙盤遊戲治療的歷史。

二○○八年的十二月二十一日，我在洗心島記下了這樣一則日記，題名為：「翠鳥、洗心島，夢中的老師」。

冬日的午後，暖暖的陽光……
一隻翠鳥飛來我書房的窗臺。
它叫著，有節奏地叫著，吸引著我的注意。
我看著它，欣慰地看著它；它也望著我，默默地望著我。
……
彼此的關注凝聚起此刻的氛圍，翠鳥的翅膀閃耀著夕陽的光暉。
我在想，埃及人曾用「鳥」來表達靈魂，何謂也……
我窗臺邊的翠鳥，來回走動著，越發像那古埃及刻畫的文字。
這翠鳥，也曾出現在我的夢中，把我帶去我夢中的老師。
我夢中的老師，也曾用它，來描繪我們族人的圖徽。

龍洞鳳凰山天麓湖洗心島

這翠鳥，也曾作為使者，把我帶去夏威夷旁的茅夷島。
在茅夷島上，這翠鳥與彩虹相映，凝聚為夏日夜空的星辰。
今日，這翠鳥又飛來洗心島；
這洗心島，也正屬於我夢中的老師。

走過兩棵百年老榕樹，它們一左一右守護在林中小道的兩旁；繁茂的枝葉相互攀援，猶如天然的門戶；凸起的樹根很像是門檻，垂下的樹鬚酷似門簾……由此穿越一條長滿茂密花草的彎曲小橋，便來到了洗心島的大門

洗心島大門的入口

我夢中的老師，樸素的身影充滿智慧和榮耀；
他把洗心島留給我們。
於是，我們也就有了洗心島；
有了我們心理分析和沙盤遊戲及意象體現的搖籃；
有了我們朝夕相處的洗心島的故事。

這裡是天麓湖的湖心島，龍洞的幽深處，鳳凰山的養息地大門的左邊，盛開著橘紅色的扶桑花；大門的右邊又是數棵百年老樹；前面是一個清靜簡樸的院落……恍惚之中，我已身處我夢中老師住過的地方

05 三川行之蓮花心

這是二〇〇九年八月三十一日，我在北川中學的心靈花園工作站。差不多是一天的忙碌之後，我抽空打開電腦，來思考本書中的〈三川行之蓮花心〉，這將是這本書的最後一章。

為了紀念志願者雷達，為了我們心靈花園的所有志願者，也是為了二〇〇八年「五一二汶川大地震」之國殤中受難的同胞和破碎的山河，我執筆撰寫了《三川行思：汶川大地震中的心靈花園紀事》。也正是在這北川中學心靈花園，那是二〇〇九年三月初，我醞釀數日寫就《三川行思》之「逝者如斯，旦復旦兮」的序言，由此重新進入那驚心動魄的四川地震大救援的日日夜夜。

為了這《三川行思》，數十天常常是秉燭待旦，夜以繼日，使用兩台電腦輪換工作，一台發熱便更換另一台，猶如馬不解鞍，日夜兼程。其中儘管辛苦，但苦中耕耘，亦有收穫，即使是工作到背部出現了鑽心刺骨的痛感……至此，我始能體會，《易經》咸卦之「咸其脢」，我被這《三川行思》帶入了那無心之感的境界。

正如我在《三川行思》之後記〈寄思清明〉開始時的描述，書稿中的內容，實為自然的湧現。我只是在忙碌中，抽閒做了一些紀錄而已。即使這樣，在整理這《三川行思：汶川大地震中的心靈花園紀事》的時候，我常常重被「五一二大地震」國殤之悲慟所籠罩，為仍然生活在大地震中的受難同胞魂牽夢繞，也仍然為堅守在震區一線的心靈花園志願者們所深深感動。

正如錢剛在其《唐山大地震》的報告文學所描述的那樣：這個大災難裡它有許多許多的奧祕，至今人類不能解答，但是我想它的答案就存在那個世紀的最大的廢墟裡面，它有答案的，只不過人類要永遠地去回過來再去看。

我的《三川行思》本來也是由一個夢開始的。在大地震發生後的第一周即趕赴四川震區，「夢的工作」也是我們心靈花園志願者團隊的主要技術體現。我的夢不僅將我引入心理分析，引入中國文化心理學，亦將我引入了生活本身，引入了心理分析與中國文化的專業實踐，引入了對文化原型和文化心靈的實際體驗。

《三川行思：汶川大地震中的心靈花園紀事》書影

心繫汶川，魂牽夢繞

二〇〇八年五月十一至十二日的夜裡，我做了這樣一個夢：

夢中，似乎是在一個山谷裡面，面對山裡面的湖，能夠聽到鳥的叫聲，其聲淒然；有許多醫生在那裡，我被檢查出心臟有問題，大概需要做某種手術。夢中我問，是否必須要做手術？夢中的我覺得，正有許多需要我做的事情，目前不是我做手術的時候；同時，我對心臟手術也有著害怕和擔憂……

那一天，我住在洗心島。早晨起來的第一件事情，仍然是記下夜裡的夢。夢中帶有抑鬱和悲傷的氣氛，其中也包含著對自己心臟和身體的擔心和憂慮，甚至還能感覺那心中的隱隱痛楚，應是夢中體驗的延續。

那一天，洗心島的上空由烏雲遮掩，看不見朝陽，只是稍許的晨曦。我遙望遠處山峰，以惆悵的心情，依然期待著太陽的初升。恍惚之中，遠處的山巒，酷似一頭巨牛的形狀，與變換的雲霧遙相呼應，隨風起舞。

島上的鳥兒鳴叫著，鳴叫著烏雲籠罩住的黎明，入耳之聲依然湧現出那夢中的淒然氣息。晨風帶著涼意襲來，穿越四周的竹林，搖起大樹的枝幹，不時有落葉飄落在我的書桌。木聲與竹響，犁然有當於人之心……觸景生情，我聯想到許多年前一個如夢的意象。其中，那初升的朝陽，猶如一顆跳動的心臟，完全暴露著，已沒有任何防護，也極需要某種盡心的保衛。我被那在沒有任何保護下亦然在跳動的心臟所感動，默默感受之中，我想著傾入生命以盡自己力所能及的守護。我當時的感覺，那夢中的太陽也正是一種文化的原型，猶如心臟，也正是那文化的生命所在。

那太陽的使者，能夠托起太陽的神鳥何在呢？此刻，《易經》中「明夷」卦的卦象油然而生。坤上而離下，明入地中受傷之象。「明夷于飛，垂其翼，君子于行，三日不食，有攸往，主人有言。」這是「明夷」

從洗心島望去的遠處山巒

卦「初九」的爻辭，闡釋的是一種由傷見幾，「時義當然，不得而避」（《周易折中．釋明夷》）的意境。

「明夷」之六四爻：「入于左腹，獲明夷之心，出于門庭。」本來也是我曾反覆思索過的內容。獲明夷之心，需有「離」[1]中之明與「地」[2]中之暗的整合與超越。於是，我心中的意象，漸漸由《易》之「明夷」而變化為「離」。

《易經》中的「離」象本在明夷之中，「離卦」本來也有鳥的意象。其卦辭曰：「離，利貞，亨，畜牝牛，吉。」其初九至上九的爻辭：「履錯然，敬之無咎；黃離，元吉；日昃之離，不鼓缶而歌，則大耋之嗟，凶；突如其來如，焚如，死如，棄如；出涕沱若，戚嗟若，吉；王用出征，有嘉折首，獲匪其醜，無咎。」儘管不能完全明瞭這周易古經中的意蘊，但離中之「火」，離中之「太陽」與「光明」，離中之「心」[3]意，離中之「鳥」[4]的意象，離中的「文化」[5]蘊涵，離中的「明夷」之傷……一併襲入我的心緒，久久不能散去。

洗心島也是在山裡，也有山裡的湖。不管是從哪一個角度，遠遠望去，洗心島猶如蓮花含苞欲放，那幾棵獨特的松樹，也如花蕊。

天麓湖洗心島

二〇〇八年五月十二日，星期一，本來是平常的一天，新的一周的開始。

二〇〇八年五月十二日，已被註定是人類歷史中極其不尋常的一頁，凝結在下午二點二十八分那一刻。

那一刻，地動山搖，天崩地裂，三川為之變色。中國四川省內汶川至北川和青川一線發生八點零級超強大地震，

而這汶川—北川—青川一線的龍門山斷裂帶[6]上的大地震，也波及甘肅省的隴南，陝西省的漢中和寶雞等地……此震區範圍竟然剛好是發生在我們中國版圖的中心區域，中國大陸的核心所在。而震中的震中，則是映秀附近的「牛眠溝」之

---

1 《易經》之「離卦」，為火，為心，為日，為光輝，為文明。

2 《易經》之「坤卦」，此處為土，為大地，為掩埋，為暗淡。

3 以身取象，易之離卦寓心。

4 「離」字從隹，已是表示與鳥類有關。《說文解字》注「離」為：「黃倉庚也。鳴則蠶生。從隹离聲。」離本來也是「鸝」的本字，既為聲符亦兼表義。

5 離卦寓文化和文明之意。《易經》明夷之象辭曰：「內文明而外柔順，以蒙大難，文王以之。」其中的「內文明」便是指作為明夷內卦的「離」象。《易經．離》之象辭曰：「離，麗也。日月麗乎天，百穀草木麗乎土，重明以麗乎正，乃化成天下。」亦包含了一種文化和文明的意象。

6 龍門山斷裂帶也被稱之為南北地震帶，其地質結構與喜馬拉雅山脈的形成以及青藏高原的東移有關。

「蓮花心」。

成後之「蟾蜍入夢」

在《三川行思：汶川大地震中的心靈花園紀事》之〈風雨兼程，夜以繼日〉一章中，我描述了心靈花園志願者蔡成後到了震區之後做的一個夢，以及當時我們在現場所做的夢的工作。事後，我們大家也都對該夢做了各自的聯想和反思。

那是二〇〇八年五月二十三日的早晨，在我們最初為漢旺東汽所建的心靈花園工作站，成後[7]給我講述了他做的一個夢。

（成後對夢的敘述）：這是一個惡夢。一條眼鏡蛇和三隻蟾蜍放在一個木盤內。蛇看著蟾蜍，蟾蜍看著蛇有些害怕。蛇開始行動，張大嘴巴，下邊好像有很多鋸齒狀的小牙齒，一下把蟾蜍的嘴的一邊咬了下來。蟾蜍非常痛苦，蛇又把蟾蜍嘴的另一邊咬了下來。蛇好像故意要蟾蜍疼痛，它故意把動作放慢，撕扯蟾蜍。蟾蜍的頭部大半都被蛇吞了，蛇又把蟾蜍的中間部分給吞住，很多汁，蟾蜍已痛不可當。我被嚇醒了。

成後講夢時，尹立、雷達、王求是和牟旭景（心靈花園的志願者）等也在身邊。我們都靜靜地聽著，這也是我們心理分析的主動傾聽，去「聽」入傾訴中的氣氛和感覺。

稍微過了一會，我問成後：「是怎樣的一個木盤，有多大，什麼樣子的呢？」成後說：「就像我們的沙盤[8]，但沒有沙子。」

「那蟾蜍呢？蟾蜍有多大？」我接著問，只是稍微放慢了一些語速。成後說：「蟾蜍滿大的，比較大的一種。」

「那蛇呢？什麼樣子的呢？」我隨後又慢慢地問道。

成後說：「蛇很大，儘管也是在木盤裡，很大，像是蟒蛇。」

稍候片刻，我接著問成後，「那麼你的感覺如何呢？」

成後說，「感覺滿恐怖的……尤其是那蛇。」「還有蟾蜍的痛苦和恐懼……」成後似乎仍然是在夢中，或仍然在表達著那本來屬於夢中的氣氛……

7 蔡成後是我帶的心理分析專業博士研究生，他的碩士論文也是由我來指導，集中於對羅夏墨跡測驗的心理分析研究。

8 沙盤遊戲治療中的「沙盤」，一般一百五十公分多長，七十公分寬。

我們也陪伴與守護著，用一種「抱持」[9]的態度，大家一齊來感受與容納這種令人恐怖的氣氛，那「蛇」的發怒，那「蟾蜍」的受難，以及這夢中氣氛所包含的氣息。

我輕輕地問成後，「那麼這蛇會讓你想到什麼嗎？」

見成後若有所思，而遲遲又未能表達，於是我對他說：「若是讓你想到了什麼，並不需要告訴我們，你給自己一點時間，去感受那些讓你想到的內容。」

大家也都知道，儘管看似聊天，但仍然未忘我們心理分析的專業態度。對無意識的尊重以及對來訪者的保護。

過了一會，我問成後，「那蟾蜍呢，你對那蟾蜍有什麼樣的感覺呢？」

接著，成後描述了他對那蟾蜍的感覺，儘管有凸起的疙瘩作為保護，但顯得虛弱，力量不足，仍然有著某種神祕的氣息。而那條蛇，表面上看似安靜，但只是準備衝擊之前的那一刻的安靜，已是聚集和充滿了攻擊的力量。

這時，恰好有一隻小蟾蜍跳到了尹立[10]的腳上。尹立不慌不忙，似乎是不想驚動這偶然相遇的蟾蜍，只是靜靜地注視著它。

尹立說，這蟾蜍的騷動不安，是與地震有關的，並且也與地震背後更深層的因素有關，比如大地的熱氣，使得這蟾蜍四處奔走……

是啊，人們都知道，在大地震發生之前，附近都有蟾蜍和青蛙大搬徙的報導。尤其是綿竹和安縣，地震前一周有數十萬和數百萬隻蟾蜍聚集。我的第一感覺，這蟾蜍和青蛙四處奔走，既是不安的表達，也是要尋求一個庇護與安身之處。

我們大家和成後一起，都在關注著這蟾蜍的意象，感受著這意象中的感覺。

蟾蜍，在中國古代被稱之為「月精」，與許多少數民族的「月神崇拜」有關，尤其是傳說中月宮的「三足蟾」，與鯀禹之羌族的祖靈和圖騰崇拜有著密切的聯繫。而月亮引力對大海潮汐的牽制，以及由此而形成的對大地的影響，包括引發地震的可能，近年來也陸續有科學文獻的報導。

在「地震」之大地震動中，本來也包含了蛇的意象。我們漢字的「地」從土從也亦聲，其中本來就有蛇的影子。[11] 而在心理分析的層面上，蛇也是典型的無意識象

[9] 「抱持」，是我們心理分析的基本態度，如同英文中的「holding」或「hold on」，將「問題」或「困難」，「關鍵」或「敏感」，甚至是「陰影」和「情結」在象徵性的意義上「擁抱」起來，同時，又能「把持」得住，或者是說「能持自性，法規物解」。

[10] 尹立是心理分析博士後，四川震區心靈花園最初的志願者之一，曾隨陳兵先生治學，受教於王家佑先生，其博士論文出版為《佛教與精神分析》的專著。

徵。漢字之「蛇」，本字也為「它」。《說文解字》注「它」為：「蟲也。從蟲而長，象冤曲垂尾形。上古草居患它，故相問無它乎。凡它之屬皆從它。蛇，它或從蟲。」在一些創始神話和遠古觀念中，大地便是一條盤踞的蛇。傳說中的「巴蛇吞象」，既可能是真實的「蛇」與「象」的爭鬥，也具有大地無意識與「象」之人為和意識的衝突意象。

我接著對成後和大家說：「張衡的候風地動儀本來就用了蟾蜍，張開口的蟾蜍；蟾蜍的上面便是含著珠子的龍，其意象或許也接近於成後夢中的蛇。」

大家也都認為，既然張衡選擇了龍（蛇）和蟾蜍的意象，那麼，其中也應有所特殊的文化內涵和真實的象徵意義。

張衡渾天儀

此時，鄒靜也過來，從道家哲學來分析這龍和蛇，以及蟾蜍之意象。鄒靜是王家佑先生的關門弟子，兼顧道家和佛學的修為，又有著深入的心理學背景和心理分析體驗。

我對成後說，既然這夢是你做的，那麼，我們心理分析對於夢的各種視角，不管是心理的、情緒的還是身體的，甚至是中醫的藏象，都可用作自己對於此夢意義探索的參考。不過，儘管這夢是你做的，也具有夢本身通過你來傳達其消息的意義。那麼，這夢也就屬於了我們大家，與我們大家息息相關，我們都可以從中獲得學習，受到啟迪。當然，我們也需要有勇氣面對恐懼，有能力承受焦慮和壓力，我們的三川之行本來就是在接受一種特殊的考驗。

羌寨之「夢中羔羊」

二〇〇八年五月十九日，我們在震後北川中學的臨時校址建起了「心靈花園」。當天，我也為北中的一些學生，做了一次團體的「夢的工作」。

大家席地而坐，圍成一圈。我們先用七分鐘左右的時間，關注自己的身體，然後，有一位男生急著要報告他的一個夢。

這也是一個惡夢。

夢中，發生了大地震，天崩地裂，極為震撼。該同學想著家中的父母，於是，著急地往家趕。趕到家中的時候，家裡的院子已經倒塌，自己的父母不在，但有許多受

11 地字從土也聲，「也」本為「它」的異體，而「它」亦為「蛇」的本字。

傷的羊，躲在倒塌了的院子裡。

我問該同學，那你的感覺如何。該同學用急促的聲音回答說：「很緊張，也很害怕。」

稍微停頓了一刻，我對大家說，那就讓我們大家一起，來感受一下這「夢中的緊張和害怕。」

然後，我問該同學，這種緊張和害怕，與自己的身體感覺有什麼聯繫嗎？或當自己感覺緊張和害怕的時候，自己身體的哪一個地方有反應嗎？該同學沉默了片刻，然後告訴我說，自己的雙腿，感覺到自己的雙腿在顫抖。

我告訴這位同學，讓他關注一下自己的雙腿，同時給自己一點時間，仍然感受一下那夢中的緊張與害怕。

在團體的夢的工作中，我們用已經形成了的團體關係，包括團體內聚力和團體氣氛，來面對和容納這夢中的緊張和害怕的感覺，並由此進入寓意表達和表達性療癒的過程，發揮慈悲和治癒，治癒與轉化的作用。

有位北川中學的老師，曾告訴我他在地震之前做的兩個夢，幾乎都與要出什麼大事有關。

第一個夢發生在地震前的週末，二〇〇八年的五月八日。夢中，有一隻受傷的羊羔走進他家裡的院子，走進了他的房間，顯得十分的驚慌。這位老師告訴我，按照他們羌族人的習俗，若是夢到受傷的羊在院子，夢到受傷的羊進了屋子裡，是具有不祥之兆的。羊，總是與犧牲、祭奠或犧牲品有關，如「代罪的羔羊」。但由於只是一個夢，當時也並沒有多想。

五月十一至十二日的夜裡，他又做了這樣一個夢。本來好好的天氣，突然狂風大作，強風摧折了自己家裡院子裡的一棵小樹。

實際上，幼苗被狂風摧折，即使是在夢中，也讓這位老師具有某種不祥的預感。但誰知道呢，誰又能知道這些不祥的夢境竟然與十二日下午的大地震連在了一起，使他永遠失去了自己十七歲的女兒。

夢中的羔羊，稚嫩的生命，純潔化作祭奠，災難留在世間。我們都知道，或許我們也都應後悔，我們震區學校的建築是有問題的，本來應該再結實一些；只要再結實一點點，我們的孩子或許還有幾秒鐘逃生的機會。我們在震區常常被孩子們問到這樣一個問題：「老師，為什麼我們的教室大樓在幾秒之間就轟然倒塌了，讓我們永遠失去了那麼多可愛的同學；而倒塌的教室大樓周圍有那麼多建築卻安然無恙？」這也是至今仍然存在我心頭的痛苦拷問。

這位北中的老師，我第一次見他便印象深刻，似乎我們兩人早有相識的緣分。他也曾告訴我，原來北川的山水，尤其是禹裡治城的美麗……在他的言談話語和音容笑貌中，處處體現著羌人的純潔和善良。

羌人稱自己為炎帝神農的後裔，大禹的後代。「羌」與「羊」息息相關。《說文解字》對「羌」有這樣的注解：「西戎牧羊人也。從人從羊，羊亦聲。西方羌，從羊。」在三川之間的羌寨中，處處可見羊的圖騰。

本來，《易經》離卦中之「陽」的意象，也與這羌族之「羊」有所關聯。正如「三陽開泰」之說常被用作「三羊開泰」。而羌人之「羊」，也是漢字「美」、「養」、「義」和「善」等字的部首。與心理分析具有不解淵源的伊底帕斯最初是被傳說中的牧羊人收養的；特爾斐神諭的預見能力，也是被牧羊人發現的；雅典的愛琴國王，忒修斯的父親，也被稱之為「羊人」（goat-man）。西方的牧羊人原型有「潘神」（Pan），竟然也是以其「牧笛」和笛聲而聞名，很容易使人聯想起羌族的羌笛。

「羌管悠悠霜滿地」。又有誰能想到，正是我們的羌族同胞，為我們所有的炎黃子孫華夏後裔承擔了如此慘痛的犧牲呢。

北川羌寨中的羊圖騰

將《三川行思》放在了志願者雷達的墓前。
在雷達的墓前，刻有「五一二汶川大地震傑出志願者」，以及「心靈無界，大愛無邊」八個大字

三川行之「蓮花心」

二〇〇九年六月九日，我從北川中學心靈花園過去成都看望雷達。這正是雷達犧牲後的周年祭日，我為他帶去了《三川行思：汶川大地震中的心靈花園紀事》。榮明、高嵐和我，在其墓前燃起祭香和蠟燭，默默守護與陪伴著。

雷達是在二〇〇八年六月九日淩晨遇難的[12]。我在「送雷達」的悼詞中這樣寫到：「我們都知道所面臨的危險，大地震的搖撼，已使多處公路明顯下陷，你我依然每天來往於北川中學和漢旺東汽心靈花園之間。昨夜，

我們在一起，即使是死神來臨的那刻，我們本來也該一起來面對。」[13]

我們心靈花園的志願者許浚，幾乎是在雷達遇難的一刻，做了這樣一個夢。

夢發生二〇〇八年六月八日晚的十一點十五分至十一點四十八分之間。許浚本來是等著雷達一起做網路的督導工作，她當時在南京，與雷達約好了網上的分析督導；遲遲未見雷達上線，便睡著了，做了下面的夢：

夢中，我在一個崎嶇而陡峭的山路上開著一輛白色的麵包車（好像是白色的依維柯IVECO，高頂，方正）。夢中的我對自己能開這麼大的車感到很吃驚，但是夢裡的我確實駕車技術很好。

就在這時，似乎湧起了白色的霧，突然在路的前方停著一輛卡車，卡車安靜地停在那裡，由於太突然，我完全沒有準備，所以我幾乎不可能踩煞車停下來，就這樣撞到了卡車的車尾。白色麵包車的車頭插進了卡車的尾部。

我趕緊跳下來，心裡有個感覺：「前面的司機不知道有沒有事情？」於是我繞到前面去，發現卡車的駕駛室裡沒人。於是我稍感放心，就在這時，一個念頭冒上來：「後面有人追你的尾了！」我突然覺得後面的情況更嚴重，所以我趕緊到我的車後去，果然一輛白色的轎車追尾了，很嚴重，我透過車窗只看到座位上的血跡卻看不到任何人。我退到路邊，正不知如何是好，卻看到我的那輛白色的麵包車動了，駕駛室裡面是個白鬍的西方人，全身籠罩在柔和的淡黃色光暈中，他對我笑一笑，前面的卡車這時消失了，我也意識到：「原來我開的是輛靈車，而這個西方人是接引使者。」當我這樣想的時候，我感到非常平靜。這時，我從夢中醒來。看了看鐘，是十一點四十八分。

許浚做夢的時間，幾乎也就是雷達一人駕車，所遇幾乎近於許浚夢中現場車禍的時候。我與許浚一起工作過這個夢。許浚告訴我，當她得知雷達遇難的消息時，儘管心中無比的悲傷，但她也從這夢中的意象中獲得安慰，相信雷達走的時候並不孤單。「雷驚天地龍蛇蟄，雨足郊原草木柔。」我也在二〇〇九年的清明時節，用招魂的笛聲，來表達對雷達的紀念，願雷達魂兮歸來，願雷達英靈永在，願雷達化作天神。

同樣是在二〇〇九年的六月九日，在祭奠雷達之後，我與高嵐和尹立，一起前往汶川映秀附近的牛眠溝，尋訪蓮花心。

---

12 雷達遇難後，被授予「四川省十大傑出志願者的稱號」。

13 《三川行思：汶川大地震中的心靈花園紀事》，廣東科技出版社二〇〇九。

汶川映秀震中的標誌，一是那驚心動魄從天而降的「天崩石」，一是那粉碎性倒塌的「百花大橋」。就在「天崩石」和「百花大橋」的拐角處，後來又豎起了大幅的看板，指向附近的「五一二大地震震源點牛眠溝」。

「牛眠溝」是一處深遠的山谷，因山谷中有一塊酷似睡牛的巨石而得名。在那山谷的最深處，便是地震震源觸發點蓮花心，又稱蓮花心谷。

離開原來的公路往西南行走，盡是山間小路，隨處遍是地震時滾落下來的巨石。

據說，「五一二大地震」發生之初的幾秒中，從這蓮花心谷的震源處爆噴出來的岩石達數百萬立方米，充滿於整個牛眠溝中，形成了寬一百三十餘米，長逾千米，厚達百米的岩石堆積區。掩埋了原有的村落和房屋。

二〇〇八年五月十二日，也是漢傳佛教中的佛誕日，或許這只是時間上的巧合。但這裡的百姓也把地震稱為「地牛翻身」，這震源處恰是「牛眠溝」，也是巧合中的巧合。研究羌族的王明珂先生曾告訴

▶在汶川映秀，前面是倒塌的百花大橋，背後是映秀震中的「天崩石」

我，在羌族的創世神話中，也有將一個捆住的牛埋在了地下，但這牛的耳朵仍然能動，動的時候就會有天崩地裂的震撼。當地還有這樣一種傳說，說這牛眠溝的「蓮花心」每兩千年一開花，也應在了這二〇〇八年。

山谷裡佈滿落石，道路狹窄難行，我們停下車來，搭乘摩托車，前往牛眠溝的蓮花心。

我的摩托車走在前面，尹立和高嵐緊隨其後。

我們穿山越嶺而上，逐漸抵達牛眠溝的最深處。

儘管三位摩托車手均為本地人，騎術嫻熟。但顛簸在山崖之巔，乘坐者也需具有同樣的勇氣才能實現這驚險的旅途。

途徑一處堰塞湖，碧綠的湖水使人彷彿進入了神話傳說的意境。

我們繼續繞山而上……接近山頂的時候，摩托車也已無路可行無能為力。我們三人下車，徒步前往蓮花心。

山頂的小路上，有一隻流浪的大黃狗，狂叫著奔了過來，擋住了我們的去路。

五一二大地震震源點牛眠溝

我見他一副兇氣和焦慮，便停下腳步，想著慢慢說他幾句……我在想，這狗和其主人一起，必定也經歷了那場驚心動魄的震撼，或許也正是因此而失去了主人，自己在流浪中守護著什麼……

這狗見我對他說話，似懂非懂，焦慮和凶意似乎有所緩解。然而，突然間，這條黃狗徑直竄到了我的面前，在我腿上咬了一口，便急忙跑回了山坡。

我本來是可以躲避，或者是本能性的防禦，但片刻的猶豫，左腿已留下了這狗的牙痕。

高嵐和尹立急忙趕上前來，急切地詢問是否被咬傷。我說還好，褲子滿結實的，皮也算厚實……不過，我知道，這狗實際上並非用力咬我，似乎是用其咬的動作，述說某種難以名狀的內容……

正當我們迷茫不知怎樣去到蓮花心的時候，一位老鄉走了過來，看上去已過中年的婦女，說可以陪我們去蓮花心。我看了看她，似曾相識的感覺，彼此報以會心的微笑。

這牛眠溝的最深處本來陡峭。地震使得山體傾移盡是滑坡，又逢雨

◀牛眠溝蓮花心，依稀可見的「新土」處，便是五一二大地震的震源點

▶這裡已是接近蓮花心的牛眠溝幽深處，難得有位老鄉為我們帶路

季，行走十分艱難。

這位老鄉，不時過來幫助我，我也讓她牽住我的手。

在她的帶領下，我們下到了谷底。

恍然之間，已是身處這四川大地震的震源點，猶如火山口……

在這溝中蓮花心附近，本來有三十餘戶人家，但都已不幸在五一二遇難。人們為了紀念，就在這山谷裡的亂石間壘起了幾處祭壇。

為我們帶路的老鄉說，其中有一位老人，世世輩輩就住在這裡，以牧羊為生。早在一年前，他便警告人們說，這蓮花心要爆了……這蓮花心快要爆了……

沒有人去聽老人的傾說和警告……

為我們帶路的老鄉告訴我們，當地是有一種傳說，說這蓮花心逢千加雙便會開花。

老人也便一直守在這裡，守在他祖祖輩輩守在的大山深處，汶川牛眠溝的蓮花心谷。直到二〇〇八年五月十二日……作為守護與見證，永遠留在了這裡。

我們默默地守在這牛眠溝蓮花心很長時間……一種默默地守望。

一株蒲公英，留著少許花蕊，在風中搖曳……

幾棵被拋起的山松，散落四處。

但是，就在這牛眠溝的蓮花心口，一棵翻倒了的松木，亦然已獲生機……

我在那裡坐了很久，默默感受著實在是難以形容的感受。

太陽已隱去西邊的大山。我撿起幾塊石頭放入口袋，拾起一棵震落在山石間的樹幹，作為手杖，緩緩下山。

下山的路更為難行。多虧這手杖，一路護持。

其間，在下山的途中，我們遇到一隻老山羊和一隻小山羊，看上去又酷似野鹿。

志願者對蓮花心遇難者的祭奠

小羊在山坡上吃草，越上越高，老羊在山道上叫喚著，小羊也時時回應。那咩咩的叫聲，在山谷四處回響。

我們停住腳步，聆聽與觀望著這對山羊母子。

那聲音與回響猶如一幅畫，宛如一首詩。

那情景，便是感應和心有靈犀……

「羊」寓「祥」之義，羊中有大氣，大之於人為夷，大氣中包含善與美，包含著轉化的意象。

蓮花心谷底依然溪水潺潺，這裡也正是牛眠溝瀑布的源頭。

在牛眠溝蓮花心谷偶遇的兩隻山羊

從蓮花心回到我們的心靈花園。傍晚時分，我和這裡的幾個孩子，在北川中學的板房校園內散步，不知不覺走去我們最初搭建帳篷的地方，一處山坡上的草地。儘管如今帳篷已經不在，已是由厚厚的野草覆蓋，四處一片空曠，但我仍然在那裡站立了很久，在心中撫摸著我們曾在這片草地上度過的日日夜夜，所揮灑的汗水，所付出的心血……由此澆灌了自然形成的心靈花園，由此凝聚為一種志願者的精神。

我們的心靈花園，我們的志願者精神，猶如上古蓮花之回響，猶如蓮花心性之體現。

蓮花也常入我夢中，包括我們以蓮花為特徵的心靈花園徽章，本來也是凝聚於夢中的意象。

蓮花意象，慈悲心懷

我曾為我們心理分析與中國文化國際論壇，以及心理分析與沙盤遊戲，和心理分析與意象體現的發展，設計了一個徽章。選取了青蛙和蓮花，以及《易經》的咸卦和太極圖作為核心元素，用中文標記了「心理分析與中國文化」，同時使用了英文

心理分析與中國文化徽章

的「psychology of the Heart and the Heart of Psychology」（以心為本的心理學）。

當我們用同樣的設計，作為我們四川震區心靈花園標記的時候，我曾做了這樣一個解讀。我們「心靈花園」所表達的是以「心」為本，以「愛」為基礎，以「靈性」為基調，以來訪者內心變化和心靈成長為目標的心理援助理念。我們認為心靈花園是條件，包含土壤、陽光、勞動和滋養；愛與靈性是種子，本來存在於我們每個人的內心深處；我們所有的努力，便是喚醒本來存在於來訪者內心深處的治癒因素，讓來訪者內心深處的愛與靈性，在這心靈花園中充沛與生長。

在我們的徽章中用了「青蛙」，寓意轉化，「蓮花」為心花，寓意純潔和心性；其間用了《易經》的咸卦，寓意心靈和感應。太極圖則表達與傳達著圓融與超越的中國文化元素。因為我們認為，災後和悲傷的心理輔導，一定要充分考慮文化背景和文化中所包含的治癒元素。

後來，我也曾告訴身邊的朋友，我們命中註定要有這不同凡響的三川之行，在震區一線所建立與堅守的心靈花園。誰讓我們在幾年前，便與這青蛙和蓮花有所感應，用此來充實我們的意象和理念呢？

而這青蛙和蓮花，地震前的蟾蜍湧動和牛眠溝的蓮花心，也竟然與此汶川大地震密切關聯。

據說，這牛眠溝的蓮花心，與整個地球的形成與生命有關。在我的想像中，那是一種上古蓮花的意象，億萬年之久依然擁有其內在的生命。

我曾在泰山頂上，遇到過這上古蓮花，也曾想像那二十八億前的天地裂變，在那西藏的雪域高原，我也夢見到過她的身影。

蓮花也即荷花，中國古代稱其為「芙蕖」。《爾雅．釋草》中有這樣的記載：「荷，芙渠。其莖茄，其葉蕸，其本蔤，其華菡萏，其實蓮，其根藕，其中的，的中薏。」曹植曾在其《洛神賦》中留有這樣的詩句：「遠而望之，皎若太陽升朝霞；迫而察之，灼若芙蕖出淥波。」

蓮花初現於我們徽章中的時候，常被作為東方心性的象徵。周敦頤在其《愛蓮說》中，盛讚蓮花之君子品性，稱其為「出淤泥而不染」。

這「出淤泥而不染」，也正是心理分析與沙盤遊戲，以及心理分析與意象體現，心理分析感應心法之寫照，也正是我們在震區心靈花園的實踐。我們謹守老子和莊子的教誨，「和其光，同其塵」；「兩行」而「自化」；也正如瑕不掩瑜、瑜不掩瑕；玄

「慈悲」的小篆體

同之中已是包含著心理分析之治癒的根本。心如蓮花，蓮花亦有心境，其中已是融會了「觀自在」之意象，也正是我們慈悲療法的要義所在。

我們以心理分析與中國文化為基礎，由此發展的沙盤遊戲、意象體現和感應心法，及其在四川震區、玉樹震區，以及全國孤兒院心靈花園的實踐，也常被稱之為「慈悲療法」。將「慈悲」稱為「療法」，其寓意便包含在漢字「慈悲」的意象之中。後來，由於我曾用「慈悲與轉化：心理分析與心理援助」的主題，在柏林禪寺以及蘇州西園寺的戒幢論壇做過報告，於是，我們的「慈悲療法」也廣為流傳。

當被問及在震區的感受時，我也曾這樣來表達，我們感受到了「慈悲」，體會到了慈悲的意義。本來，我也曾理解「慈悲」，但更多的仍然是有關慈悲的知識。「無緣大慈，同體大悲」也曾是我的期冀，但是，來到了震區，來到了這三川之間，大慈與大悲就此湧現，體現為我們的生活和我們的實踐。

我把慈悲視為一種修行，一種實踐，需要身體力行……同樣，我把我們的心理援助，也視為一種「自我救贖」，一種慈悲和深層情感的接觸和體驗，一種心靈的洗禮與轉化……我們堅持以心為本，以中國文化作為心理援助與心理重建的基礎，致

◀醫神故鄉作為世界文化遺產的標誌

力於心性及其意義的實踐，致力於探索心靈所能達到的境界。

德爾菲神諭：苦難與自知

就在我去了汶川的牛眠溝和蓮花心之後不久，利用當時七月份的假期，我前往瑞士蘇黎世庫斯納赫特的榮格學院講學。除了傳達「心理分析與中國文化」之要義，「感應心法」以及我所整合的沙盤遊戲療法[14]之外，我也應邀就汶川大地震中的「心靈花園」之心理援助理念、方法和實踐，也即「慈悲療法」做了專門的介紹。

利用此次講學的機會，我們安排了去希臘一周的旅行。

我們就住在雅典的衛城附近，第一天便散步

到蘇格拉底常常散步的古市場，也去看了柏拉圖的學院，登上了衛城，參觀了新開的衛城博物館。

在希臘的土地上，看到飄揚的希臘國旗，甚為感觸。九條藍白條紋在海風中飄揚著希臘人的追求：「不自由毋寧死」。「自由」在希臘人的心目中具有何等的意義，何等的價值，這也包括心靈上的自由。

接下來的幾天，我們去了邁錫尼古城，踏上了曾經鋪滿了金子的道路，感受了阿迦門農（Agamemnon）金面國王的傳說；也去了埃皮達魯斯（Epidauros），那是在伯羅奔尼薩半島東岸的另一座希臘古城，醫神阿斯克勒庇俄斯（Aesculapius）的故鄉。在古希臘的傳說中，醫神本來是太陽神阿波羅的兒子，從小由深諳醫術的凱龍（Chiron[15]，半人半馬神）撫養長大，也獲得了治癒的神力。他的女兒海吉亞（Hygieia[16]）被世人奉為健康女神，女兒帕

14 沙盤遊戲本來以中國文化為基礎。在我的臨床實踐中，已將積極想像、意象體現以及感應心法，整合於沙盤遊戲療法之中。

▶從雅典古市場望去的衛城

醫神故里行的偶遇。這黃狗與我似曾相識，似乎也就是我在牛眠溝蓮花心所遇到的

納希亞（Panacea[17]）被奉為醫藥女神。

在醫神的山洞裡，傳說中可以由此做夢而獲得身心療癒的石板或石床上，我靜坐了很久。

這「石板」或「石床」也被叫做「clinic」，也正是西文「臨床」和「診所」的語源。

此時，有一條黃色的狗走來，慢慢地接近我，似曾相識的感覺，並且在我去蓮花心山谷時被咬傷的左腿上嗅了一番，然後就臥在了我的身邊。

三天之後，我們準備好了前往德爾菲（Delphi）。一路上我們從雅典出發，途經科林斯，以及傳說中的底比斯古城（Thebes），喀泰戎山（cithaeron），轉往帕納索斯（Parnassus）山中的德爾菲神殿。不知不覺已走進了伊底帕斯（Oedipus）的王國，包括其從出生到被拋棄，長大後猜破獅身人面獸斯芬克斯（Sphinx）的謎語，背著弒父娶母的罪惡而接受命運，從而獲得超越的一生。伊底帕斯曾被其父親拉伊奧斯用鐵

前往德爾菲的途中留下的照片

釘刺穿了腳踝，他的名字Oedipus的希臘文本義即為「腫脹或受傷的腳」。

實際上，希臘東南部的這一區域，包括帕納索斯山，也是牧羊神潘誕生和成長，及其放牧的地方。這裡處處也應有無數的仙女和精靈。潘神也被稱為大神潘（Great God Pan）。他是宙斯之子赫密士（Hermes）和林中仙女所生。赫密士是宙斯的信使，傳達上天消息的使者。

應為潘神叔叔的酒神狄奧尼索斯，也常在冬天移居德爾菲。前往德爾菲的途中，看到一路好山水，美麗的雲彩和美麗的天空，隨處飄揚著神話的氣息，激蕩著渴望已久的心情，猶如重新走進我的夢鄉。

來到這帕納索斯山中，遠遠望去德爾菲遺址，莊嚴肅穆而古樸。我們帶著神聖的心情，順著巨石中的古道拾級而上，感受著這德爾菲固有的氣氛。

神殿的上方，是一處古劇場。儘管在衛城已見到那裡的狄奧尼索斯劇場，以及醫神故鄉更大的劇場，但是這德爾菲古劇場依山而建，端坐在整個古蹟的中央。站在這裡整個阿波羅神殿盡收眼底，谷風習習，古韻猶在。

在古希臘的傳說中，太陽神阿波羅也是愛好音樂的，但是在一次比賽中，卻輸給了牧羊的潘神。潘神也曾用其牧笛，吹醒了絕望的女神賽姬，用音樂開始其心靈的療癒，使賽姬的心聲得以表達，從而獲得治癒與轉化。對我來說，這潘神的笛聲依然在回響，甚至回響在那遙遠的羊鈴和「羌笛」之中。

附近的松樹上傳來陣陣知了的叫聲，蟬鳴悠揚，讓我停住了腳步。

尋聲觀音，如詩如畫：「垂緌飲清露，流響出疏桐。居高聲自遠，非是藉秋風。」

[15] Chiron派生出了Chirurgeon一詞。英文Surgeon（外科醫生）一詞原來就是從Chirurgeon演變來的，其本意是「用手工作的人」。

[16] Hygieia也即今日Hygiene（衛生）一詞的來源。

[17] 帕納希亞的名字也就是今日panacea，「能治百病的藥」一詞的來源。

德爾菲神殿一棵松樹上的蟬鳴

這虞世南的一首蟬曲，也是此刻的共鳴。

走到德爾菲古蹟的最高處，便是那著名的古希臘「競技場」。數千年前，這裡已經開始為了紀念阿波羅戰勝大蟒而每四年舉辦一次的競技運動會。藍天白雲之下的故道，依然述說著當年多少雄心壯志。健康的精神寓以健康的體魄之中，也正是古希臘人的明智。音樂和運動，也皆可融入我們今日的心

德爾菲遺址的運動場

▶德爾菲遺址的古劇場

理治療和心理分析。集中提煉身心的生命能量，本來也是榮格的信仰，從體認到體悟，也是我們心理分析之沙盤遊戲和意象體現的基本工作原則。

傳說中，德爾菲遺址的山崖上有一塊女巫石，使人望之儼然。附近應是端坐著的斯芬克斯，那德爾菲神殿箴言的守護者。若是能進得神殿，便會遇到德爾菲的女祭司，獲得那千載難逢的解答謎語的機會。

據說，這德爾菲箴言的特殊意義，及其對未來的預見，本來是被牧羊人所發現的。當這位牧羊人趕著他的羊群，無意間走過女巫石，經過斯芬克斯來到了這德爾菲中心之後，恍惚之間便獲得了預見未來的能力，即使是跟著他的羊。

在這裡，我們見到了化作岩石的德爾菲女巫，以及依然栩栩如生的斯芬克斯。著名畫家約翰．威廉．格德沃德（John William Godward）

德爾菲神殿的斯芬克斯

和約翰・科利爾（John Collier）等，也都憑藉其豐富的歷史和想像，為我們留下了美輪美奐、肅然神祕的「德爾菲的女祭司」。

傳說中的斯芬克斯，至今仍端坐在德爾菲遺址的博物館裡，也正是在大門處，儼然繼續著她的守護者身分，默默地重複著她那永恆的謎語。據說，她本來是在十三米高的石柱上，守護在昔日神殿的入口。

女祭司皮提亞（Pythia）通常端坐在那「三腳凳」（tripod）上，左手拿著月桂樹枝，右手拿著一個碗，裡面盛著「聖泉」的泉水，散發著無比甜美的氣味，準備好回

德爾菲神殿的「圓石」

答世人的疑問。

很多年以前，當我開始心理學學習的時候，曾讀到《大不列顛百科全書》有關「心理學」的詞條。該作者在介紹「心理學」時，首先提到的便是德爾菲神殿的箴言：「認識自己」（Know Thyself）：「就是這麼一句話，經過漫漫幾千年的演化，形成了我們今天的心理學。」於是，既然來到了德爾菲神殿，自然要找尋和親眼目睹那刻有「認識自己」之箴言的石碑。

經過了斯芬克斯，走近神殿的門，便能看到這著名的德爾菲「圓石」——Omphalos，世界中心的寓意和象徵。

德爾菲神殿的石雕，猶如一朵上古蓮花

在古希臘的神話傳說中，宙斯在太陽升起之處與太陽落下之處各放飛了一隻鷹（宙斯的聖鳥），讓它們朝著相反的方向飛行，最後這兩隻鷹在德爾菲相遇。於是宙斯便認為這裡是大地的「肚臍」（omphalos），天上與地下的軸心，並在這裡放上一塊圓石。據說，這塊石頭也就是宙斯的母親瑞亞（Rhea）讓克洛諾斯（Kronos）吞下的那塊石頭，寓意重生。在它所給我的意象中，這塊石頭，也是一種心的象徵和心的轉化。德爾菲的阿波羅神廟正是圍繞這塊石頭而建，既象徵「世界的中心」，也表達「人類在地球上最接近神明的地方」。人們相信，若接觸此圓石便能與神溝通。於是，這石頭也便是德爾菲神諭的象徵，印證的正是「認識自己」——Know thyself之箴言。

看到旁邊有博物館的管理人員，一位大約五十歲左右的女性，我走過去詢問，同時也是想確認：傳說中的「認識自己」，就是刻在這塊圓石上嗎？出乎我的意外，這位管理人員，用左手向牆邊指了一下說，「你要找的是那塊石頭」。

我順著她的指引看過去，頓時驚異萬分，那儼然正是一朵異域蓮花，一朵含苞欲放的上古蓮花，碩大的花瓣伸開三米多的範圍，花蕊的柱子也有三米多高，甚是壯觀。此時此刻，在我那被震撼的感覺中，也充滿神奇。我默默地站在那裡，站在這圓石和蓮花之間。在我的內心深處，她們漸漸融為一體，依附在花柱上的花瓣慢慢張開，花蕊的柱子繼續生長，而那象徵世界中心的德爾菲圓石，也正是這蓮花之心，含苞欲放的蓮花心。

此刻，在那被震撼的感覺中也充滿感激。不僅是由於終於看到了「認識自己」的本來面目，而且是因為，至此始發現，這認識自己的箴言，也是借這上古蓮花的意象來傳達的。正是：「未見她時，她已在夢中；尋夢之時，她已在等待。」

此刻，在這世界的核心，人類最接近神明的地方，「認識自己」的神諭，這德爾菲的圓石與此含苞欲放的蓮花心，所指向的也正是那本心和自性所在。

在我那被震撼的感覺中，仍然多與四川地震有關，與汶川牛眠溝的蓮花心山谷有關。對我來說，這分明是三川行思的延伸。冥冥之中，我被帶到了這古希臘德爾菲神殿，再次面對如此生動的「蓮花心」，來到了西方心理學的源頭——「認識自己」的神諭面前。

「認識自己」也正是心理學給我的最初印象。但是，「認識自己」何謂也？其中的蘊涵則一直是我心理學以及心理分析的求索。據說，這德爾菲的箴言，源於太陽神阿波羅對於「什麼對人最好」和「如何能獲得幸福生活」的回答。在大學的課堂，我曾經把「認識自己」，解讀為三種層面：認識自我，體驗自性，成為自己。哲人們從「認識自己」中所闡釋的獲得謹慎，我為其注入「真誠」的內涵，注解為「從心從真」；其中的承認無知和避免無知也包含了「凡事不過分」，具有「誠敬」的寓意，同時也是獲得真知的開始。而發揮自己的天賦，同樣是認識自己的蘊涵，也正如心理分析之自性化的追求，努力將存在於我們每個人內心深處的美好價值發揮光大。

「認識自己」（Know thyself）是一種努力，為了獲得「自我認識」（Self knowledge）也需要付出代價，甚至是慘痛的代價，古希臘的諸多悲劇便是證明。伊底帕斯如此，蘇格拉底也為此付出了生命。據說，宙斯曾為世人立下一條定律：「從悲傷中始能獲得知識（自我認識）」[18]。這也讓我想到我們的汶川大地震，我們在大地震中的經歷，我的兄弟雷達，我們心靈花園的志願者……於是，對我來說，我的成長經歷，我的心理分析歷程，我們的三川行思，也是如此。

就這樣，我默默地站在那裡，默默地站在那圓石和蓮花之間，感受著兩者融為一體的感覺和意象，綻放的花瓣，生長的花蕊，含苞欲放的蓮花心……於是我相信，心理分析之自性化的追求，正是天命之所在。我們的三川行思，我們的心靈花園，也正是天意所為，正是此生最值得去做的事情。

克里特島與迷宮意象

從德爾菲回到雅典後，我們乘船去了克里特島（Crete），同樣是因為那裡也有著我的夢。

最初，當我在美國舊金山榮格心理分析學院實習的時候，我被我的來訪者麥克，帶進了克里特的神祕和文明[19]。從那之後，克里特島也常入我夢中，這依然是一次尋夢之旅。

一早趕去雅典港口，搭乘克里特號遊輪前往克里特島。湛藍的大海，蔚藍的天空，整個愛琴海隨風飄揚的也是醉人的藍色。沐浴在陽光下，任由海風吹拂，航行在愛琴海上。遠處的島嶼時隱時現，海天一色又變幻莫測。希臘，不愧其千島之國的稱謂；既有奧林匹亞山的諸神和德爾菲神殿，也正是海神波塞冬（Poseidon）長駐的海域。一座山便有許多傳說，大海則有著更多的故事。

在荷馬的《奧德賽》史詩中，有這樣一段對克里特島的描寫：「在遠處暗藍色的大海上，浮現著一個島嶼，那就是克里特。可愛而富饒的土地的四周，拍打著一陣陣巨浪。島上有九十個人口稠密的城市……其中之一就是克諾塞斯（knossos）城……邁

18 見埃斯庫羅斯的《阿伽門農》；In Aeschylus' *Agamemnon*, the chorus declares that Zeus「has laid it down as law: from suffering, knowledge.」

19 見《心理分析：理解與體驗》（北京三聯出版，二〇〇四）之第六章，關於「麥克」的個案。

諾斯（Minos）國王掌管大權，他與萬能的宙斯神十分友好。」[20]

克里特島是歐洲文明的心臟，那是大神宙斯出生和生長的地方，那裡也是西方神話的源頭。亨利・謝里曼（Heinrich Schilemann）曾根據荷馬《伊里亞德》（*Iliad*）史詩中的線索，發現了實際的特洛伊遺址。同樣偉大的考古學家亞瑟・伊文斯（Sir Authur Evans），受謝里曼發現的啟發與鼓舞，則從荷馬的《奧德賽》中，尋獲了克里特的輝煌。

在希臘神話傳說中，邁諾斯是宙斯與歐羅芭（Europa）之子，宙斯變成公牛掠走歐羅芭，使其生下邁諾斯。邁諾斯在與其兄弟爭奪王位時，曾祈禱海神以雪白神牛的出現為其神授權位的象徵。但是在獲得權位之後忘卻了對海神許下的諾言，他沒有向海神奉獻這雪白神牛，而是留給了自己。因此邁諾斯受到海神的懲罰，他的王后帕西法爾（Pasiphae）著魔似的迷戀上了這雪白神牛，從而生下了半牛半人的米諾陶（Minotaur）。

傳說中的一個版本，描述了被克里特擊敗了的雅

從雅典前往克里特島的途中，留在身後的落日餘暉及海浪蕩漾的晚霞

克諾塞斯城堡遺址上的牛角標誌

典，被迫要送童男童女到克里特，來餵養被關在了克諾塞斯城堡迷宮裡的牛怪米諾陶。直到有一年，雅典國王愛琴（Aegeus）的兒子忒修斯（Theseus）與童男童女們一起前往克里特，決意要殺死迷宮中的米諾陶。忒修斯臨行前和父親約定，如果成功而歸，他在返航時就把船上的黑帆變成白帆。不然就意味著失敗，表示他已喪生米諾陶的腹中。

忒修斯在亞莉阿德妮（Ariadne）的幫助下，獲得了魔劍以及能夠自由進出迷宮的「魔線」，進去迷宮殺死了米諾陶。但是，在返航的途中，忒修斯卻忘記了更換船帆。當望眼欲穿的愛琴國王，傳說中的「羊人」（goat-man），看到的仍然是黑帆歸來的時候，以為再也見不到自己的兒子，便投海自盡……據說，這也就是「愛琴海」（Aegean Sea）名字的由來。

在美妙而奇特，充滿神話和傳說的愛琴海上行駛了十多個小時，直到夕陽西下，彩霞輝映在大海的波浪之間。

不久，星星已布滿夜空，海風依然吹拂，似乎是變得溫柔，我讓自己沉浸於這奇妙

20 荷馬史詩：《奧德塞》第十九卷

的愛琴海之夢幻般的旅行。

遊輪繼續向前，直到遠方顯出繁密的燈光，那便是夜幕下的克里特島。

次日的早晨，我們便趕去克里特島上的克諾塞斯城堡。

走進克諾塞斯城堡遺址，最引人注目的便是那高處聳立的「牛角」，這也正是邁諾斯王國的標誌。我站在這迷宮之上的地基上，仔細地端詳著這「牛角」。此刻的印象，這聳立的牛角，看起來很像倒立起來的英文字母「A」。這也是我與麥克一起工作的開始，我曾在《心理分析入門：我的理解與體驗》一書中，介紹了我與麥克心理分析的經過。

麥克是我在美國的來訪者。他曾是美國一所著名大學的教授，頗具聲譽的詩人，但在和我開始工作的十年前（一九九〇），便患上了抑鬱症，失去了工作能力，二度自殺。我還記得在我們首次工作的時候，他竟然說，他找我作為他的心理分析師，所要解決的主要問題，便是他不能做夢。

作為詩人的他，夢，是其創作和靈感的源泉，而他的工作，幾乎也就是他的生命和存在的價值。夢，真的對他很重要。

第一次的工作，他也給我留下了一個問題：「若是把字母『A』倒過來，你知道是什麼意思嗎？」

儘管看似滑稽的問題，我仍然認真做了思考，並與麥克誠懇地溝通。比如，正立的「A」可以表示向上、天堂、生命、意識；而倒轉的「A」可以表示向下、地獄、死亡、或者潛意識等等。但在麥克看來，這些都只是意識中的聯繫。而倒轉的「A」，卻正是他心中的方向，與他生活中的「北斗七星」有關。也正是這正立與倒轉的「A」，帶我們進入了克里特島上的「迷宮」，遇到了「米諾陶」。

那是在我們第十五次分析治療的時侯，麥克帶給我幾年前出版的詩集，其中有十三首組詩，主題是關於米諾陶的傳說。麥克告訴我，「實際上，不是我在寫詩，是米諾陶在詩中說話，在詩中表達他自己。」

我在與麥克的工作中，分析了「米諾陶的象徵」和「米諾陶情結」，以及「迷宮的意象」及其意義。

由於邁諾斯得罪了海神，他的妻子，作為王后的帕西法爾受懲罰迷戀上了公牛。帕西法爾讓能工巧匠戴達勒斯（Daedalus）做了一個木製的母牛，自己坐在裡面與公牛發生關係，懷孕生下了米諾陶……米諾陶生下來便是一個怪物，長著牛頭牛尾和人的身體。國王邁諾斯感到羞愧難當，讓戴達勒斯在王宮的地下建造了一座迷宮，把米諾陶藏在裡面。

當國王邁諾斯出於羞愧把半人半牛的米諾陶關去地下迷宮的時侯，米諾陶也就成了

伊文斯發現的克里特島上的迷宮遺址

人類所不能面對的「陰影」（shadow）。「陰影」主要指那些隱藏在人們內心深處的無意識內容，包括意識自我從未認識到的部分，陰影的存在總是會讓我們的意識自我覺得難堪或蒙羞。被關在迷宮中的米諾陶，也正是人類「陰影」的象徵，所表達的正是人類所難以面對的存在。

我曾在《心理分析入門：我的理解與體驗》中做過這樣的分析：「米諾陶不僅僅是陰影的象徵，而且也是複雜的情結，是受困於陰影而不能自拔的情結，包含著迷失自我和喪失人性的成分。邁諾斯國王或許曾為變化為牛形的父親宙斯而感到自豪，但是絕對不能正視也不能接受米諾陶的出現。」[21] 米諾陶也不能面對自己的父母，出生也就意味著分離，不僅僅與自己的母親，而且也是與人和社會。米諾陶是在迷宮中獨自長大的，內在的孤獨增加了他的焦慮，迷失的痛苦滋長著他的抑鬱，就此鎖在深深的地下迷宮之中。

迷宮及其意象，也是我《心理分析入門：我的理解與體驗》中有關

克里特文化遺址邁諾斯王宮殿與米諾陶有關的壁畫

麥克個案的重點所在。西文「迷宮」（Labyrinth）的本義涉及到「雙斧的房屋」（the house of the double ax）或「克里特島克諾塞斯的宮殿」（palace of Knossos on Crete），其最早出現於克里特島上的B型文字，那是在西元前一四〇〇年左右。但是，克里特島上的雙斧象徵圖案，則可以回溯到西元前五千年的石器時代。有考古學家們提出，克里特的雙斧圖案，可能採取的是蝴蝶轉化的象徵，寓意來自石器時代人類的變化與重生，以及大地母神的庇護。在迷宮圖案的象徵性意義上，可以看作是一種回歸大地母親子宮的自然宗教儀禮，或者是趨向世界中心的追求。

在希臘的神話傳說中，英雄忒修斯在亞莉阿德妮的幫助下，獲得了能夠自由進出迷宮的「魔線」，進去殺死了米諾陶。但在我和麥克的工作中，這並非可行的途徑。我們所尋找以及獲得的，不是「殺死陰影或情結」，而是面對和正視，容納和抱持，以

克里特文化遺址中的壁畫，兩位白色服飾的女子分別站在牛的頭尾，一位男子在牛身上舞蹈。學者們認為這是帶有宗教色彩的圖畫，說明古克里特人對牛的崇拜

21 《心理分析：理解與體驗》，北京三聯書店，第二九〇頁（二〇〇四）。繁體中文版為《心理分析入門：我的理解與體驗》，心靈工坊出版。

及在此基礎上的轉化與超越。

亞莉阿德妮是米諾陶的同母姐妹，被稱為「迷宮的女主人」。在克里特的一塊泥版上，有這樣一段文字：「為了所有蜂蜜之神靈……為了迷宮蜂蜜的女主人……」[22]克雷尼（C. Kerenyi）在其關於戴奧尼索斯的專著中，認為這段文字就是對亞莉阿德妮的描述，亞莉阿德妮就是迷宮的女主人。[23]

亞莉阿德妮後來被忒修斯遺棄，但被戴奧尼索斯收留。戴奧尼索斯不僅僅是酒神，同時也是克里特文明中最重要的神靈之一。我在《心理分析入門：我的理解與體驗》中，也描述與分析了戴奧尼索斯的意象及其意義。他是宙斯與凡間女子塞墨勒（Semele）所生的孩子，但是其出生卻不同凡響。首先是母親的孕育，然後是從父親的大腿裡獲得第二次出生，與森林的精靈們度過了童年。據說，戴奧尼索斯不僅僅是酒神，而且也提供給我們蜂蜜。他的父親宙斯出生於克里特一個蜜蜂的洞穴，也正是受蜂蜜的滋養長大的。戴奧尼索斯具有與傳說中神農一樣的風範，也可稱為植物之神，並且具有自然治癒的能力。

在古希臘，有關「認識自己」的主題，以及與此有關的自我知識，總是以悲劇的形式展開，或以「悲劇」的形式進入人們的生活，產生深遠的影響。尼采曾在其《悲劇的誕生》中，便闡發了激昂的戴奧尼索斯精神。他認為克里特的迷宮，便是希臘悲劇之藝術精神的起源。

我與麥克的心理分析過程，幾乎也就是在這迷宮中的求索，在迷宮中尋找可能的出路。正如我當時的工作記錄所表達的：「我們同處在迷宮中，遭遇的是米諾陶，發現的是我們自己，包括我們的陰影和情結；但是，相處於迷宮中，我們沒有迷失自己，而是發現了自我，發現了我們的內在心性。」[24]由此，也形成了我們的感應心法，正所謂精誠所至金石為開，由此而獲得了轉化與超越。

就這樣，我身在克諾塞斯城遺址的迷宮，繼續思考著心理分析之治療與治癒，以及其中的轉化與超越。我走去宮殿的另外一端，在面對「牛角」的樹蔭下坐了下來，給自己時間，在這種保持距離的觀望中感受著。

若是將迷宮視為人生的必然時空，而米諾陶為人類的陰影，那麼，對此陰影的忽

---

22 To all the gods honey......To the mistress of the labyrinth honey......

23 C. Kerenyi. *Dionysos: Archetypal Image of Indestructible Life.* Princeton University Press. 1976. P. 89-90.

24 《心理分析：理解與體驗》，北京三聯書店，二〇〇四，第三一二頁。

從遠處看去的克諾塞斯「牛角」標誌，下方有一道門或一個洞口，入口處凸起的石頭上刻用「雙斧符號」

視便是恐懼的滋生，此陰影的爆發便是災難的降臨。記得榮格接受英國BBC的採訪（一九五八），被問到「人類所面臨的危險」是什麼的時候，曾這樣回答：「人類的危險來自於人本身，來自於人心，而最為危險的，是我們對人心所知甚少。」迷宮中的茫然，米諾陶的孤獨，神性之遮掩與心性之分裂……對人心之無知，依然是人類的災難。

此時此刻，若是將這牛角下面的高處，看作牛的頭部，那麼，幾乎整個遺址，儼然像是一頭巨大的睡牛。

就在這牛頭的下方，有一處洞口，像是眼睛，也像是嘴巴，或許，這也是克諾塞斯迷宮的真正入口處。我走近去，看到就在這一道門或洞口上方像是「門楣」的石頭上，有一些古樸的刻符，包括那酷似蝴蝶結的「雙斧圖案」。

此刻，我聽到了一種特殊的聲音，像是有人在呼喚，伴隨著哞哞的牛聲，此起彼伏，如從遠方傳來，

◀克諾塞斯城堡遺址的大樹上的兩隻孔雀

也好似近在身邊。

這叫聲，既熟悉，又陌生；其聲舒揚，專以遠聞。

後來我始發現，就在不遠處的大樹上，有一隻孔雀，在呼喚她的同伴。

「嚶其鳴矣，求其友聲。相彼鳥矣，猶求友聲；矧伊人矣，不求友生。」（《詩經．小雅．伐木》）這聲音在我心中回盪，也是我在克里特島上的共鳴和感應。

如同在德爾菲神殿，追問到底是哪一塊石頭，刻著「認識自己」的神諭。我在走遍克諾塞斯城遺址之後，也去詢問管理人員，傳說中的迷宮到底在哪裡呢？

得到的回答是：「整個克諾塞斯城遺址都是迷宮。」

也可以說，迷宮無所不在。

這也正如我從德爾菲神殿回來後的一個夢中所得到的啟示：德爾菲神殿的每一塊石頭，都在傳達著「認識自己」的神諭，包括我手中的那一塊。

文化原型與心靈境界

我一向用「心靈境界」，形容我們心理分析與中國文化的追求，這種心靈境界與「文化原型」息息相關，可將其視為「文化原型」的生動體現，其中包含著我們心理分析理論建構與臨床實踐的基礎和源泉。在《心理分析入門：我的理解與體驗》中，我曾對我們的專業做了這樣一種總結：

在中國文化的基礎上，發展一種有效的心理分析理論，包括方法與技術，是我們的期望與努力。這種心理分析不僅可以運用在個體臨床的層面，發起基本心理治療的作用，而且能夠幫助人們心理的發展與創造，增進心理健康，發揮其心理教育的意義，同時，心理分析還可以在認識自我與領悟人生意義的層面上，獲得自性化體驗與天人合一的感受。以中國文化為基礎的心理分析，致力於心性真實性及其意義的追求與實踐，致力於探索與呈現心靈所能達到的境界。

為了汶川大地震的心理援助，我們遠赴汶川、北川、青川，前往禹里治城、震源牛眠溝和蓮花心，為了玉樹地震大救援，我們也幾度翻越巴顏喀拉山，深入三江之源，在玉樹孤兒學校和玉樹拉吾尕小學建立了我們的工作站。我們也一直在堅守全國孤兒院中的心靈花園，至今已有二十所之多。我將我們的心理援助作為一種自我救贖，一種身體力行的心理分析實踐，所體現的也正是以中國文化為基礎的感應心法與心靈境界，以及其中所包含的「心靈的自主性」和「心靈的真實性」及其意義。

《世說新語》中曾記載殷荊州與慧遠公的一則對話。

殷荊州曾問遠公：「《易》以何為體？」

答曰：「《易》以感為體。」

殷曰：「銅山西崩，靈鐘東應，便是《易》耶？」

遠公未答。

李約瑟（Joseph Needham）先生曾將其引用在了《中華科學文明史》中。

這二〇〇八年「五一二汶川大地震」使得地動山搖，天崩地裂，三川為之變色，無疑也是發出了一種深遠的呼喚……「鳴鶴在陰，其子和之」。我們也正是聽到了這呼喚，義無反顧，不辭艱辛，來到這汶川、北川和青川，來到這三川禹里。以同樣的態度和心情，我們也遠赴玉樹藏區，參與玉樹地震的大救援。玉樹，不僅是黃河、長江和瀾滄江的三江的源頭，也是意義深遠的古羌地。

「是以君子將有為也，將有行也，問焉而以言，其受命也如響，無有遠近幽深，遂知來物……」[25]當如是也。

《易經》之感，以一貫之，感而遂通。其中的感應心法，也體現於「咸」與「中孚」。

「咸者，感也。天地感而萬物化生，聖人感人心而天下和平。觀其所感，而天地萬物之情可見矣！」（《易經．咸．彖》）

「中孚，柔在內而剛得中，說而巽，孚乃化邦也。」（《易經．中孚．彖》）

我一向把感應視為中國文化心理學的第一原則，其中的感應心法更是心理分析與中國文化的關鍵所在。而這種感應，則不僅是知識或理解，而且是行動與實踐，以及在這種行動和實踐中，與那深遠的無意識和文化原型的實際接觸。

文化原型也曾被漢德森先生稱之為「歷史的心性」或「歷史的記憶」。其中包含著這樣一種思想，我們的文化和歷史，都是具有生命意義的，其中也包含著「文化無意識」[26]和文化心靈。這種文化無意識和文化心靈，也必然是我們人類「認識自己」的一部分。

大禹出自羌里，開創了中國夏代紀元。昔日的禹里也正是北川的心臟，正是大禹的故鄉。神農炎帝本為姜姓，與羌氏有著不解的淵源，而「姜」字本身，也包含了這「羊」的意象，中國文化中的農耕、畜牧，和藥濟人由此開啟先河。伏羲之「羲」意義深遠，正如《易經．繫辭》云：「昔者包犧（羲）氏之王天下也，仰則觀象於天，俯則觀法於地，觀鳥獸之文，與地之宜，近取諸身，遠取諸物，於是始作八卦，以通神明之德，以類萬物之情。」這三者皆屬文化原型和文化心靈的典範，寓意人類心靈所能達到的境界。

至此，始可理解夢對於我們的真實意義，以及我們中國文化在夢中的寄託。「占夢，掌其歲時，觀天地之會，辨陰陽之氣，以日月星辰占六夢之吉凶……」[27]其中

---

25 出自《易經．繫辭》。

26 「文化無意識」（cultural unconscious）的概念最早由漢德森在一九六二年提出，由此在佛洛伊德的個體潛意識和榮格的集體無意識之間，搭建了一個有效的橋樑。

27 出自《周禮．春官》。

所包含的也正是夢的本來意義，以及我們對夢所應有的態度。誠如莊子所說，「且有大覺而後知此其大夢也。」由蝴蝶入夢，演繹出「物化」的道理，完成「齊物」的論述，同時也完成了心性的轉化和超越，這正是莊子的啟迪和教導。

對我來說，中國文化是我們心理分析的基礎，也是我夢中的滋養。我相信「夢」者「意」也。漢字之「意」從心從音，包含生動的心音意象，正所謂從心察言而知意，意不可見而象，因言以會意。這「意」與意念有關，由此可發揮佛洛伊德的「自由聯想」；「意」也與「意象」有關，正可用榮格的「積極想像」。但是，這裡的「意」，與「易」通，需要「易道」之極深而研幾；這裡的「意」，與「醫」通，所包含的也正是「醫理」中上醫之治癒的功夫。至此，我依然遵循莊子的思想，得意而忘言，得意而忘象；所追求的也正是夢中的意義，夢之生活的意義，夢之療癒和心靈的價值。

於是，我們的《三川行思》和「心靈花園」，不僅僅是一般意義上的心理援助和志願者行動，而且，也是與這種文化原型和文化心靈的實際接觸。在我們付出的同時，我們亦有無限的收穫，從中獲得了恩寵與勇氣、慈悲和滋養，以及文化心靈所特有的復原力。從這種感受和體驗中，借助於我們的文化原型，提煉出適合我們心理分析與中國文化的方法，並將其付諸實踐。這種方法和實踐，既適用於心理分析與沙盤遊戲治療，心理分析與意象體現技術，也可適用於常規的心理諮詢、心理治療和深度心理分析。

首先是命名和啟蒙，英文可用naming和initiating來表示，其中也包含著喚醒、啟動，初始、洗禮和儀式化的意義，多與大禹之文化原型有關。大禹在治水的同時，造就的另一項文化功動，便是「命名」山川百物。在這種命名的過程中，喚醒與啟動了其中人類心性的蘊涵。這也是對伏羲和神農以及黃帝等最初命名功能的繼承與發揮。

「命」者，使也；從口從令；命也被注解為天之令也。

「名」者，自命也；（夕）冥不相見，故以口自名；同時，名者，明也；明實事使分明也。

老子曰：「無名萬物之始，有名萬物之母。」其中也包含了這「命名」與「啟蒙」的心理分析意義。

《論語》中曾記載孔子論名：「名不正則言不順，言不順則事不成，事不成則禮樂不興，禮樂不興則賞罰不中，賞罰不中則民無所措手足。」其主題思想及其寓意亦可納入心理分析的實踐。

實際上，西方的精神分析，以及隨後的心理治療，也正是從一種包含了「命名」意義的臨床情景開始的，比如，安娜・O的個案，及其命名化的「談話治療」（talking cure）。「談話」之所以能夠治療，也正是在於其中的命名和啟蒙，以及喚醒和啟動的效應。

我曾把榮格分析心理學的積極想像，稱之為「意象化命名」，並從中發揮了「命名的意象化」效應。將那些視不可見聽不可聞，但深深困惑自己心身的情緒，轉化為某種意象，並與其建立關係，溝通與交流，以及對話和表達，正是榮格心理分析和心理治療的主要方法和途徑。實際上，經典精神分析所重視的初始的夢，以及沙盤遊戲治療所重視的初始沙盤等，也都具有這種命名和啟蒙的作用。這種命名和啟蒙，尤其是英文中的initiating，同時也具有「洗禮」和「儀式化」的臨床意義。

心理分析亦如「治水」，疏導仍屬關鍵，大禹之「疏川導滯」[28]亦可為心理分析的基本原則。禹治水，順水之道也；以水為師，因勢利導，故能使百川順流，各歸其所。不僅如此，大禹在治水的過程中，還命名山川百物。《尚書・呂刑》中記載：「禹平水土，主名山川。」《史記・夏本紀》中說：「於是天下皆宗禹之明度數聲樂，為山川神主。」

大禹手執鍤畫像石
圖中的大禹頭戴斗笠，手上拿著
翻土的用具（鍤）

大禹治水之後，鑄成九鼎，「鑄鼎象物」，也是一種意象化的命名。《左傳．宣公三年》王孫滿云：「昔夏之方有德也，遠方圖物，貢金九牧，鑄鼎象物，百物而為之備，使民知神奸。故民入川澤山林，不逢不若，螭魅罔兩，莫能逢之。用能協於上下，以承天休。」《左傳．襄公四年》魏絳引「虞人之箴」曰：「芒芒禹跡，畫為九州，經啟九道。」對於我們說，這命名中亦有「啟蒙」和「喚醒」之功用。正所謂「蒙以養正，聖功也。」（《易經．蒙卦》）喚醒來訪者內心深處的治癒因素，其中已是包含了心理分析中的初始化、啟動、洗禮與儀式化的整合效應。命名的象徵性意義，以及意象化的命名，始終是我們心理分析和沙盤遊戲及意象體現技術的關鍵所在。

大禹治水畫像石

其次是「馴化和滋養」，英文可用taming和nurturing表示。在大禹的文化原型和「命名與啟蒙」的基礎上，我們可以來感受「馴化和滋養」的心理分析內涵，尤其是其中所包含的培育、陶冶、牧養和療癒等寓意，以及所體現的炎帝神農的文化原

[28] **大禹吸取了其父鯀的教訓，避免了「壅防百川」之單純防堵的失誤。**

型意象。

大禹的先祖是黃帝部落的後裔，大禹的母親修己則是炎帝部落的後裔，大禹正是這兩大部落聯姻的後代和紐結。《說文》：「（炎帝）神農居姜水，以為姓。從女羊聲。」

炎帝神農不僅開農耕畜牧之先河，而且和藥濟人，以療民疾，又為醫藥始祖。《易經．繫辭》中記載：「神農氏作，斫木為耜，揉木為耒，耒耜之利，以教天下。」《太平御覽》引《周書》曰：「神農耕而作陶。」《史記．補三皇本紀》中記載：「神農氏以赭鞭鞭草木，始嘗百草，始有醫藥。」《淮南子．修務訓》：「神農乃始教民，嘗百草之滋

台北三重鎮先嗇宮：正門是「三川殿」，
大殿內供奉「神農大帝」；面色發黑為嚐百草故（傳本草醫方）；
手握稻穗，農耕陶冶，滋養馴化萬民……

味，當時一日而遇七十毒，由此醫方興焉。」於是，在炎帝神農之文化原型意象中，包含著「培育」、「陶冶」、「牧養」、「馴化」，以及「療癒」和「滋養」，均可融入心理分析與中國文化的理論體系，轉化為治癒與發展的方法和技術。

「馴養」（馴化與滋養）之「馴」本義為「順」，為「善」。《說文解字》注馴為「馬順也。從馬川聲。」《玉篇》注曰：「從也，善也。」《一切經音義》中注釋為：「養野鳥獸使服謂之訓」。其中所包含的為「性行調順」，以及其中的文化和文明的寓意。《莊子．馬蹄篇注》（郭象）曰：「與物無害，故物馴也」。正如「馬先馴而後求良」（《淮南子》），「馴行孝謹」（《史記．萬石君傳》）、「能明馴德」（《史記．五帝紀》）。故《易．坤卦》有：「馴至其道」之說。

宋代廓庵禪師以《十牛圖頌》相傳，凸顯「牧牛」之主題。牧牛猶如牧心，猶如心理分析之自性化過程，演繹了如何找回久已迷失的自我本性，以及其中所包含的心理治療和心性的拯救。在《廓庵和尚十牛圖頌並序》中，我們可以看到這樣的闡釋：

神農畫像，清代畫家吳承硯畫

神農架神農雕像

「……間有清居禪師觀眾生之根器，應病施方，作牧牛以為圖，隨機設教。」

漢字之「牧」，從牛從攴會意，呈現的正是牧牛意象。

甲骨文

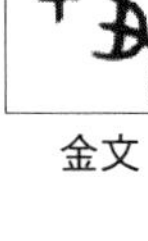
金文

小篆

楷體

《說文解字》曰：「牧，養牛人也。從攴從牛。《詩》曰：『牧人乃夢』。」《玉篇》注牧為「畜養也。」《廣韻》解為「放也，食也。」於是，牧中已是包含食與養，以及牧中的心理意境。《易經．謙卦》曰：「謙謙君子，卑以自牧也。」《詩》曰：「自牧歸荑」。恒以謙卑自養其德，以聚浩然之氣，以成金剛之體。

牧中之心意，以及其中所包含的馴化與滋養，也見於《金剛經》之開宗明義：如何降服其心？應如是住，如是降服其心。佛家的「戒」、「定」、「慧」，以及布施、持戒、忍辱、精進、禪定、般若之精義，皆在這《金剛經》開篇的意境之中。其道理亦如心理分析之建立關係，面對與整合情結和陰影，以及由容納與抱持中獲得慈悲與轉化。

再者，便是「時機與轉化」，英文可用timing和transforming表示。有了命名與啟蒙，以及馴化和滋養，我們可以來體驗時機與轉化，以及其中所包含的機緣、共時性、趨時、感應、超越……以及所體現的伏羲之文化原型和意象。

伏羲本為東夷文化的代表和象徵。但「伏羲兄妹配人煙」同樣是羌族口傳的人類起源和氏族圖騰崇拜。且伏羲之「羲」，也有「羌」中之「羊」的意象，於是便有了美妙的內在融合。《易經．繫辭》云：「昔者包犧（羲）[29]氏之王天下也，仰則觀象於天，俯則觀法於地，觀鳥獸之文，與地之宜，近取諸身，遠取諸物，於是始作八卦，以通神明之德，以類萬物之情。」伏羲之一畫開天，神道設教，其中已是蘊涵「時機」、「趨時」、「變化」，以及「轉化」與「超越」的智慧。

「時」，從「日」、「寺」聲。「日」為「實也，太陽之精不虧。」（《說文》）《周禮．天官．九嬪注》曰：「日者天之明。」「寺」為有法度者，具有「是」、「治」和「守」之內涵。《說文解字》注「時」為：「四時也。」《釋名》曰：「四時，四方各一時。時，期也，物之生死各應節期而至也。」漢語中有「時光」、「時辰」、「時節」、「時機」和「天時」之說，其中已是包含和呈現了「時」之機關所在，正所謂機不可失，時不再來。

29 伏羲之名也有包犧，庖犧等不同表達。而「犧」中，又融會了「牛」的意象，耐人尋味，發人深思。

伏羲女媧圖，漢磚圖片

《莊子．至樂篇》中有說：「萬物皆出於機，皆入於機。」而《易》之精義也在於「極深而研幾」。既彰顯無意識心理學之深度意蘊，又為我們心理分析增添「時機」和「趨時」之要旨。

《易經》乾卦之卦辭：「乾，元亨利貞。」其《彖》曰：「大哉乾元！萬物資始，乃統天。雲行雨施，品物流形。大明終始，六位時成，時乘六龍以禦天。乾道變化，各正性命，保合太和，乃利貞。首出庶物，萬國咸寧。」其《象》曰：「天行健，君子以自強不息。」其《文言》曰：「終日乾乾，與時偕行。」於是，時機與趨時，本為《易》之要義。正是：「天施地生，其益無方；凡益之道，與時偕行。」（《易經．益卦》）；「時止而止，時行而行，動靜不失其時，其道光明。」（《易經．艮卦》）；「順乎天而應乎人」（《易經．革卦》），亨行時中，因時而行中道。

榮格與保利[30]從《易經》中發揮了「共時性原則」（Synchronicity Principle），其中也是對此「時機」的心理分析及其發揚。正如流傳千古的「帝舜歌」：「勅天之命，惟時惟幾」[31]；蘊涵著「時機」的生動意象，凝聚為心理分析之「時機」（timing）的基本原理。

榮格曾為保利分析了一千三百多個夢，對這些夢的分析與工作，形成了榮格之《煉金術心理學》[32]的主要內容，其中便包含著「時機」與「轉化」的意義，這也是分析心理學潛在的方法論基礎。

而我則從中國文化之「心理」與「理心」入手，來表達一種樸素的煉金術思想。《說文解字》中將「理」注解為：「治玉也。從玉、里聲。」已是包含了一種煉金術的意象。《說文》中稱「玉」為石之美，賦予其「五德」：「潤澤以溫，仁之方也；鰓理自外，可以知中，義之方也；其聲舒揚，專以遠聞，智之方也；不橈而折，勇之方也；銳廉而不技，絜之方也。」於是，「理」中含「玉」，也就包含了特有的玉之心性。從「玉璞」中發現與磨煉出玉

伏羲像，宋代馬麟畫

30 保利，W. Pauli，一九四五年諾貝爾物理學獎得主，曾為榮格的病人。

31 《尚書．益稷》帝舜歌：「勑天之命，惟時惟幾。」《史記．夏本紀》「……鳥獸翔舞，《簫韶》九成，鳳凰來儀，百獸率舞，百官信諧。帝用此作歌曰：『陟天之命，惟時惟幾。』」

32 榮格在一九二八年著手撰寫的對《太乙金華密旨》的評論（一九二八年出版為《金花的祕密》），是其對煉金術研究的重要收穫與重要轉折。

天水伏羲廟

之心性，以及這玉之心性中的靈性[33]，便具有了心理分析之煉金術的寓意。

對我們來說，我們的夢也便是玉璞，其意義的獲得便是玉之心性的呈現。因而，我也把我們的沙盤遊戲，稱之為「沙裡淘金」。正所謂「一沙一世界，一花一天堂；手中擁有無限，此刻化作永恆。」[34]心中自有天地，吾心藏有宇宙。我也用英文的「psychology of the heart, and the heart of psychology」（以心為本，心理分析與中國文化）作為在國外教學的課程，同時也作為我們心理分析的不懈努力和追求。

心理分析之「心之理」與「治玉」（諧音為「治癒」）有關，其中蘊含了「理心」之意境，實乃治癒的關鍵所在。這也正是心理分析之煉金術的意境，包含著心理分析之時機、治癒，以及超越與轉化的意象，也正是《易經》之中國文化原型的體現。

命名與啟蒙（naming and initiating）、馴化與滋養（taming and nurturing），以及時機與轉化（timing and transforming）的原型寓意，以及其中所包含的喚醒、啟動，初始、洗禮和儀式化；培育、陶冶、牧養和療癒，以及機緣、共時性、趨時、感應和超越的意象，已經形成了心理分析與中國文化之感應心法的基礎，同時也將是我們夢的工作與沙盤遊戲的基本原則，包含著心理分析之治療與治癒，以及轉化與超越的關鍵所在。正如《易經》中的教誨：「夫大人者，與天地合其德，與日月合其明，與四時合其序，與鬼神合其吉凶。」

這也正是王弼之「觀感化物」的實踐，也體現為我們心靈花園之心理援助的實際意義和治癒作用。

「觀」為「諦視」，具有「見於無形」的意境；「感」便為「感應」之感，包含著咸感和無心之感的意境；「化」為「教行」，《增韻》曰：「凡以道業誨人謂之教。躬行於上，風動於下，謂之化」。《韻會》云：「天地陰陽運行，自有而無，自無而有，萬物生息則為化。」

「物」寓萬物，《說文解字》注「物」為：「萬物也。牛為大物；天地之數，起於牽牛，故從牛」。於是，「物」中有大象，老子曰：「執大象，天下往」。當如

---

33 「玉」在中國文化中具有十分特殊的作用，古代之玉器，本為神器或溝通神靈之器物。

34 英國詩人布雷爾《天真的預兆》開始的詩句：「To see a world in a grain of sand. And a heaven in a wild flower; Hold infinity in the palm of your hand. And eternity in an hour.」王佐良先生翻譯為：從一粒沙看世界，從一朵花看天堂；把永恆納進一個時辰，把無限握在自己手心。

是也。

牽牛之意象，也本為老子和道家的化身。

在我們中國文化中，伏羲和神農也正有「牽牛之意象」。老子所說的「執大象，天下往」，也正是易經中所昭示的「觀乎人文，以化成天下」，也正是我們感應心法的「順乎天而應乎人」。

莊子說：「夫道有情有信，無為無形。可傳而不可受，可得而不可見。」

老子說：「孔德之容，惟道是從。道之為物，惟恍惟惚。惚兮恍兮，其中有象；恍兮惚兮，其中有物；窈兮冥兮，其中有精，其精甚真，其中有信……」

《易經．咸．彖》曰：「咸者，感也。天地感而萬物化生，聖人感人心而天下和平。觀其所感，則天地萬物之情可見矣。」

這也正是我們心理分析之感應心法的體現。我們的心理分析理念，我們的心靈花園，以及我們的三川行思，也由此匯聚於我的洗心島之夢。

【後記】

寓於山中，置木於水

「寓於山中，置木於水」，是莊子入我夢中所留下的話語。那是二十多年前，在南京隨高覺敷先生讀書的時候。我曾將其刻製為一枚印章，夢中相遇也是千年的福份，相遇一刻便是永恆的啟迪。

我也從中擷取了「山木」作為我的筆名，這也便是後來「山木的部落格」（「洗心島部落格」）的由來。

莊子行於山中，見大木，枝葉盛茂……於是留下了「山木」篇，傳神農、黃帝之心法。乘道德而浮游，與時俱化，物物而不物於物；與道相輔而行，方舟而濟於河，虛己以遊世。寓於山中置木於水，山木與我由此結緣，使我介然有知，執中而行於大道。

榮格喜歡莊子，自稱為莊子的信徒，榮格學者們也多用此「山木」，寓意心理分析之自性化過程。

這本書，也包含了我對自性化的求索，心理分析之與我的心路歷程，以及其中的深深足印。其中所反映的內在生命的覺醒，其中所蘊涵的無意識及其意義的體現。作為一個中國人，這個人的心理分析經歷，也有著文化心靈的守護與眷顧。自天佑之，吉無不利。對此我充滿感激。

本書從一九八八年的〈夢在泰山〉開始，寫至二〇〇九年的〈三川行之蓮花心〉，其中已是二十二年的經歷。以四個大夢為主要線索，所反映的也正是我這二十多年的生活主題。我帶著頭上與腳下的傷痕，成長中的抑鬱和悲傷，一路從泰山走來。遠渡重洋，經過孤獨與沉思，走過寓意自性的森林，卸掉臉上鐵似的面具，始獲得「心齋」的體驗。在蜜蜂的相伴和引導下，傷我的鐵釘逐漸轉化，化作觸摸榮格「波林根」鑰匙的感覺。我見到了我夢中的老師，傳我東夷心法，將我帶去夏威夷之茅夷，將我送回洗心島。

我的夢，便是我的心理學，便是我的心理分析。

這夢是真實的，具有心靈真實性的意義。

尤其是當夢的意義，在生活中獲得實現的時候。

〈三川行之蓮花心〉由「心繫汶川」的夢開始，正是由那不可思議的感應所致。

「銅山西崩，靈鐘東應」，此之謂也。而我們的行動，大災難面前的心靈花園志願者救援，我們的三川行思，以及後來的玉樹臨風[1]，我們在孤兒院中的心靈花園[2]，帶我們跨越時空，在艱難和痛苦之中親近文化心靈，陪伴與守護中華最古老的一支血脈，感受那自然與生命的奇蹟，感悟那源自千古、存乎一心的道理。由此，文化原型及其意義，大禹之命名與啟蒙、神農之馴化與滋養、伏羲之時機與轉化，已融入我們以心為本的心理分析體系，轉化為感應心法，慈悲與治癒的實踐。

這也是我的夢中老師在告訴我這洗心島的寓意，何以洗心？惟有這三川之行，惟有

---

1 二〇一〇年四月十四日青海玉樹發生大地震之後，我與我們心靈花園志願者數次前往，在玉樹孤兒學校和玉樹上巴塘拉吾尕小學，以及西寧孤兒院建立了我們的心靈花園。玉樹是三江（黃河、長江、瀾滄江）源頭，祖山（崑崙之巴顏喀拉山脈）所屬。

2 我們從二〇〇七年開始，在全國的孤兒院建立了二十餘所心靈花園。正如波史奈克在其序言中所說，「若不是由於他的夢想，許多四川震區受難的孩子將難以獲得心理復原的機會；由於他的夢想，許多孤兒院的孩子也擁有了心靈花園的滋養。」但是，正如我一向把我們的志願者行動視為自我救贖，走進孤兒，也是親近我們自己的內在心靈。我們每個人的內心深處，都有這樣一個孤兒；人類又何嘗不是宇宙的孤兒。漢字之「孤」，從子從瓜。其中之「子」，有《說文》闡釋：「陽氣動，萬物滋，人以為偁。象形。」《說文解字注》曰：「子者，滋也。言萬物滋於下也。律曆志曰。孳萌於子。人以為偁。萬物莫靈於人。象物滋生之形。」而其「瓜」，外象其蔓。中象其實，儼然有葫蘆的意象，恍惚之中猶現宇宙的原型。「孤」有「顧」之意。瞻彼日月之際，驀然回首之處，也便是《詩．小雅》之「顧我復我」的寓意。「孤」中包含著一種深遠的原型意象，悲傷、痛苦以及孤獨，以及其中所包含的反覆求索和自我知識，始終伴隨著我的洗心體驗。

這蓮花如意，惟有這大象所引及觀感化物[3]；惟有這玉樹臨風，惟有這祖山的恩賜和三江源頭之水；惟有這孤獨中的滋養，孤獨中的求索，孤兒院心靈花園的悉心守護，顧我復我的驀然感受。

我感謝我的夢。整理與撰寫這本書的過程，幾近於重新經歷那刻骨銘心的心理分析，重新體驗心理分析所具有的意義。

波史奈克和約翰．畢比是我的良師益友，他們也都是我心理分析過程的陪伴與見證者。波史奈克曾擔任國際夢的研究會主席，他也是國際意象體現學會創辦會長；約翰．畢比曾為美國舊金山榮格學院院長，著名的《易經》專家，資深的榮格心理分析師。十多年來，他們都曾悉心傾聽我的夢，在傾聽中融入了其思想和智慧。有他們為此書撰寫序言，尤其使我欣慰。

正如我在引言中所述：有了心理分析與中國文化的基礎，有了洗心島，我始能有機會打開塵封已久的夢的日記，再度進入那伴隨我心理分析歷程的夢中世界。

這夢是自主的，蘊涵著心靈自主性的啟迪。

或許，心理分析的意義，也正體現於此。我的夢，也在實現其自身。

有了我的夢，也就有了洗心島；有了洗心島，我的夢始展現其意義。洗心島，既是真實的存在，也是我夢中的意象，也是我心靈的體現。寓於山中置木於水，緣樸率性，不求文以待形，這便是我夢中的洗心島，以及我的「洗心島之夢」。

何謂洗心，惟有這夢中的感應。

申荷永

二〇一〇年十月十日於天麓湖洗心島

[3] 「大象所引」是表達老子的：「執大象天下往」。作者一向把「感應」作為中國文化心理學的第一原理，「觀感化物」也是感應心法的表達。牛為大物，天地之數起於牽牛，四川地震的震央是牛眠溝之蓮花心，進入玉樹的標誌也正是牛的意象。

Holistic 069

夢是靈魂的使者——
一個榮格心理分析師的夢筆記

作者—申荷永

出版者—心靈工坊文化事業股份有限公司
發行人—王浩威　諮詢顧問召集人—余德慧
總編輯—王桂花　執行編輯—黃心宜
特約編輯—林俞君
美術編輯—董子琹
通訊地址—10684台北市大安區信義路四段53巷8號2樓
郵政劃撥—19546215　戶名—心靈工坊文化事業股份有限公司
電話—02）2702-9186　傳真—02）2702-9286
Email—service@psygarden.com.tw　網址—www.psygarden.com.tw

製版・印刷—漾格科技股份有限公司
總經銷—大和書報圖書股份有限公司
電話—02）8990-2588　傳真—02）2990-1658
通訊地址—248台北縣五股工業區五工五路二號
初版一刷—2011年12月　ISBN—978-986-6112-29-4　定價—300元

《夢是靈魂的使者：一個榮格心理分析師的夢筆記》（© 2011）繁體中文版，
原簡體中文版書名《洗心島之夢：自性化與感應心法》（© 2011）
由廣東科技出版社授權心靈工坊文化事業股份有限公司出版，首刷2000本

國家圖書館出版品預行編目資料

夢是靈魂的使者：一個榮格心理分析師的夢筆記／
／申荷永作；.
-- 初版. -- 台北市：心靈工坊文化，2011.12　面；公分. --（Holistic；069）
ISBN 978-986-6112-29-4（平裝）
1.夢　2.精神分析學

175.1　　100024450

心靈工坊 PsyGarden 書香家族 讀友卡

感謝您購買心靈工坊的叢書，爲了加強對您的服務，請您詳填本卡，
直接投入郵筒（免貼郵票）或傳眞，我們會珍視您的意見，
並提供您最新的活動訊息，共同以書會友，追求身心靈的創意與成長。

書系編號—HO069　書名—夢是靈魂的使者——一個榮格心理分析師的夢筆記

姓名　　　是否已加入書香家族？□是 □現在加入

電話 (O)　　(H)　　手機

E-mail　　生日　年　月　日

地址 □□□

服務機構　　職稱

您的性別—□1.女 □2.男 □3.其他

婚姻狀況—□1.未婚 □2.已婚 □3.離婚 □4.不婚 □5.同志 □6.喪偶 □7.分居

請問您如何得知這本書？

□1.書店 □2.報章雜誌 □3.廣播電視 □4.親友推介 □5.心靈工坊書訊
□6.廣告DM □7.心靈工坊網站 □8.其他網路媒體 □9.其他

您購買本書的方式？

□1.書店 □2.劃撥郵購 □3.團體訂購 □4.網路訂購 □5.其他

您對本書的意見？

□ 封面設計　1.須再改進 2.尚可 3.滿意 4.非常滿意
□ 版面編排　1.須再改進 2.尚可 3.滿意 4.非常滿意
□ 內容　1.須再改進 2.尚可 3.滿意 4.非常滿意
□ 文筆／翻譯　1.須再改進 2.尚可 3.滿意 4.非常滿意
□ 價格　1.須再改進 2.尚可 3.滿意 4.非常滿意

您對我們有何建議？

▲您的意見，我們將轉貼在心靈工坊網站上，www.psygarden.com.tw

廣 告 回 信
台北郵政登記證
台北廣字第1143號
免 貼 郵 票

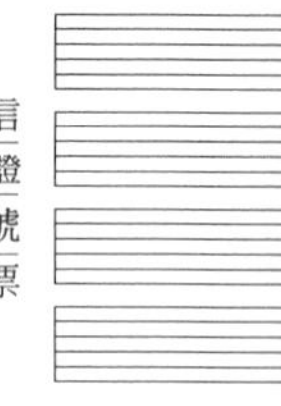

10684台北市信義路四段53巷8號2樓

讀者服務組 收

免 貼 郵 票

（對折線）

加入心靈工坊書香家族會員
共享知識的盛宴，成長的喜悅

請寄回這張回函卡（免貼郵票），
您就成爲心靈工坊的書香家族會員，您將可以——

⊙隨時收到新書出版和活動訊息

⊙獲得各項回饋和優惠方案

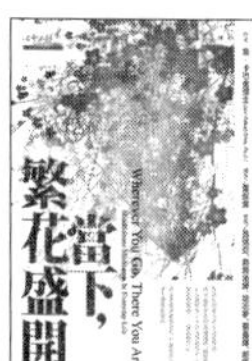

當下，繁花盛開

作者—喬．卡巴金
譯者—雷叔雲　定價—300元

心性習於自動運作，常忽略要真切地去生活、成長、感受、去愛、學習。本書標出每個人生命中培育正念的簡要路徑，對想重拾生命瞬息豐盛的人士，深具參考價值。

心靈寫作

【創造你的異想世界】
作者—娜妲莉．高柏
譯者—韓良憶　定價—300元

在紙與筆之間，寫作猶如修行坐禪
讓心中的迴旋之歌自然流唱
尋獲馴服自己與釋放心靈的方法

有求必應

【22個吸引力法則】
作者—伊絲特與傑瑞．希克斯夫婦
譯者—鄧伯宸　定價—320元

想要如願以償的人生，關鍵就在於專注所願。本書將喚醒你當下所具備的強大能量，並帶領讀者：把自己的頻道調和到一心所求之處；善用吸引力心法，讓你成爲自己人生的創造者。

狂野寫作

【進入書寫的心靈荒原】
作者—娜妲莉．高柏
譯者—詹美涓　定價—300元

寫作練習可以帶你回到心靈的荒野，看見內在廣闊的蒼穹。撞見荒野心靈、與自己相遇，會讓我們看到眞正的自己，意識與心靈不再各行其是，將要成爲完整的個體。

超越身體的療癒

作者—勞瑞．杜西
譯者—吳佳綺　定價—380元

意義如何影響心靈與健康？心識是否能超越大腦、時間與空間的限制，獨立運作？勞瑞．杜西醫師以實例與研究報告，爲科學與靈性的對話打開一扇窗。

傾聽身體之歌

【舞蹈治療的發展與內涵】
作者—李宗芹　定價—280元

全書從舞蹈治療的發展緣起開始，進而介紹各種不同的治療取向，再到臨床治療實務運作方法，是國內第一本最完整的舞蹈治療權威書籍。

不可思議的直覺力

【超感知覺檔案】
作者—伊麗莎白．羅伊．梅爾
譯者—李淑珺　定價—400元

知名精神分析師梅爾博士，耗費14年探究超感官知覺（ESP），從佛洛伊德有關心電感應的著作，到中情局關於遙視現象的祕密實驗。作者向我們揭露了一個豐富、奇幻的世界。

非常愛跳舞

【創造性舞蹈的新體驗】
作者—李宗芹　定價—220元

讓身體從累贅的衣服中解脫，用舞蹈表達自己內在的生命，身體動作的力量遠勝於人的意念，創造性舞蹈的精神即是如此。

占星、心理學與四元素

【占星諮商的能量途徑】
作者—史蒂芬．阿若優
譯者—胡因夢　定價—260元

當代美國心理占星學大師阿若優劃時代的著作！本書第一部分以嶄新形式詮釋占星與心理學。第二部分透過風、火、水、土四元素的能量途徑，來探索本命盤所呈現的素樸秩序。

身體的情緒地圖

作者—克莉絲汀．寇威爾
譯者—廖和敏　定價—240元

身體是心靈的鑰匙，找回身體的感覺，就能解開情緒的枷鎖，釋放情感，重新尋回健康自在。作者是資深舞蹈治療師，自1976年來，運用獨創的「動態之輪」，治癒了無數身陷情緒泥淖的人。

占星．業力與轉化

【從星盤看你今生的成長功課】
作者—史蒂芬．阿若優
譯者—胡因夢　定價—480元

富有洞見而又深具原創性的本書結合了人本占星學、榮格心理學及東方哲學，能幫助我們運用占星學來達成靈性與心理上的成長。凡是對自我認識與靈性議題有興趣的讀者，一定能從本書中獲得中肯的觀察。

敲醒心靈的能量

【迅速平衡情緒的思維場療法】
作者—羅傑．卡拉漢、理查．特魯波
譯者—林國光　定價—320元

在全世界，思維場療法已經證明對75%至80%的病人的身心產生恆久的療效，成功率是傳統心理治療方法的許多倍。透過本書，希望讀者也能迅速改善情緒，過著更平衡的人生。

探索身體，追求智性，呼喊靈性，
攀向更高遠的意義與價值
是幸福，是恩典，更是內在心靈的基本需求，
企求穿越回歸真我的旅程

Holistic

綠野仙蹤與心靈療癒

【從沙遊療法看歐茲國的智慧】

作者－吉妲．桃樂絲．莫瑞那
譯者－朱惠英、江麗美　定價－280元

心理治療師吉妲．桃樂絲．莫瑞那從童話故事《綠野仙蹤》中的隱喻出發，藉由故事及角色原型，深入探索通往人們心理的療癒之路。本書作者莫瑞那是《綠野仙蹤》原作者李曼．法蘭克．包姆的曾孫女，她爲紀念曾祖父贈與這世界的文學大禮，特地於此書中詳載《綠野仙蹤》的創作背景、家族故事及影響。

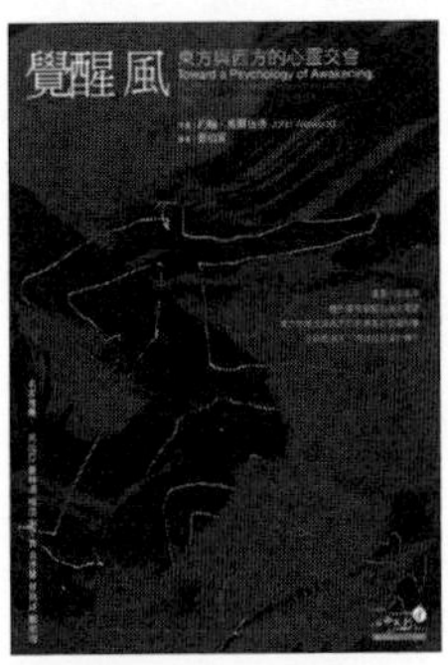

覺醒風

【東方與西方的心靈交會】

作者－約翰．威爾伍德
譯者－鄧伯宸　定價－450元

東方的禪修傳統要如何與西方的心理治療共冶一爐，帶來新的覺醒？資深心理治療師約翰．威爾伍德提供了獨到的見解，同時解答了下列問題：東方的靈性修行在心理健康方面，能夠帶給人什麼樣的啓發？追求靈性的了悟對個人的自我會帶來什麼挑戰，並因而產生哪些問題？人際關係、親密關係、愛與情欲如何成爲人的轉化之鑰？

教瑜伽．學瑜伽

【我們在這裡相遇】

作者－多娜．法喜
譯者－余麗娜　定價－250元

本書作者是當今最受歡迎的瑜伽老師之一，她以二十五年教學經驗，告訴你如何找對老師，如何當個好老師，如何讓瑜伽成爲幫助生命轉化的練習。

瑜伽之樹

作者－艾揚格
譯者－余麗娜　定價－250元

艾揚格是當代重量級的瑜伽大師，全球弟子無數。本書是他在歐洲各國的演講結集，從瑜伽在日常生活中的實際運用，到對應身心靈的哲理沉思，向世人傳授這門學問的全貌及精華。

凝視太陽

【面對死亡恐懼】

作者－歐文．亞隆
譯者－廖婉如　定價－320元

你曾面對過死亡嗎？你是害怕死亡，還是怨恨沒有好好活著？請跟著當代存在精神醫學大師歐文?亞隆，一同探索關於死亡的各種疑問，及其伴隨的存在焦慮。

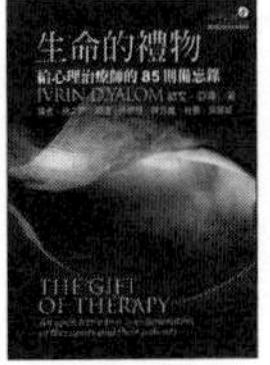

生命的禮物

【給心理治療師的85則備忘錄】

作者－歐文．亞隆
譯者－易之新　定價－350元

當代造詣最深的心理治療思想家亞隆認爲治療是生命的禮物。他喜歡把自己和病人看成「旅程中的同伴」，要攜手體驗愉快的人生，也要經驗人生的黑暗，才能找到心靈回家之路。

日漸親近

【心理治療師與作家的交流筆記】

作者－歐文．亞隆、金妮．艾肯
審閱－陳登義　譯者－魯宓　定價－320元

本書是心理治療大師歐文．亞隆與他的個案金妮共同創作的治療文學，過程中兩人互相瞭解、深入探觸，彼此的坦承交流，構築出這部難能可貴的書信體心理治療小說。

心態決定幸福

【10個改變人生的承諾】

作者－大衛．賽門
譯者－譚家瑜　定價－250元

「改變」爲何如此艱難？賽門直指核心地闡明人有「選擇」的能力，當你承認你的「現實」是某種選擇性的觀察、解讀、認知行爲製造的產物，便有機會意志清醒地開創自己的人生。

鑽石途徑 I
【現代心理學與靈修的整合】
作者—阿瑪斯
策劃、翻譯—胡因夢　定價—350元

阿瑪斯發展出的「鑽石途徑」結合了現代深度心理學與古代靈修傳統，幾乎涵蓋人類心靈發展的所有面向。這個劃時代的整合途徑，將帶來有別於傳統的啓蒙和洞識。

鑽石途徑 II
【存在與自由】
作者—阿瑪斯　譯者—胡因夢　定價—280元

開悟需要七大元素——能量、決心、喜悅、仁慈、祥和、融入和覺醒。這些元素最後會結合成所謂的鑽石意識，使我們的心靈散發出閃亮剔透的光彩！

鑽石途徑 III
【探索眞相的火焰】
作者—阿瑪斯　譯者—胡因夢　定價—260元

你是誰？爲什麼在這裡？又將往哪裡去？這些問題像火焰般在你心中燃燒，不要急著用答案來熄滅它，就讓它燒掉你所有既定的信念，讓這團火焰在你心中深化；讓存在變成一個問號，一股熱切的渴望。

鑽石途徑 IV
【無可摧毀的純眞】
作者—阿瑪斯　譯者—胡因夢　定價—420元

在本系列最深入的《鑽石途徑IV》中，阿瑪斯提出個人本體性當在剝除防衛、脫離表相、消除疆界後，進入合一之境，回歸處子的純眞狀態，讓知覺常保煥然一新，在光輝熠熠的實相中，看見鮮活美好的世界。

萬法簡史
作者—肯恩．威爾伯
譯者—廖世德　定價—520元

這本書要說的是——世界上每一種文化都是重要的部分眞理，若能把這些部分眞理拼接成繁美的織錦，便可幫助你我找出自己尚未具備的能力，並將這份潛能轉譯成高效能的商業、政治、醫學、教育、靈性等活力。

生命之書
【365日的靜心冥想】
作者—克里希那穆提
譯者—胡因夢　定價—400元

你可曾安靜地坐著，既不專注於任何事物，也不費力地集中注意力？若是以這種方式輕鬆自在地傾聽，你就會發現心在不強求的情況下產生了驚人的轉變。

關係花園
作者—麥基卓、黃煥祥
譯者—易之新　定價—300元

關係，像一座花園，需要除草、灌溉、細心長久的照料。健康的花園充滿能量，生機盎然，完美的親密關係也一樣，可以滋養每一個人，讓彼此都有空間成長、茁莊。

健康花園
作者—麥基卓、黃煥祥
譯者—魯宓　定價—240元

你是否覺得自己孤單、憂鬱、不滿足與無所依靠？爲了想讓自己過得健康快樂，你也許已經向外嘗試不同的解決之道。但是，其實不需要改變外在世界就可以活得更健康，關鍵在於，你要能夠改變內在的你。

生命花園
作者—黃煥祥、麥基卓
譯者—陶曉清、李文瑗、殷正洋、張亞輝
姚黛瑋
定價—450元

我們每一個人的功課，就是要去找到屬於自己的，通往自由、負責、健康與快樂的路徑，一個能眞正滋養自我的心靈花園。

存在禪
【活出禪的身心體悟】
作者—艾茲拉．貝達
譯者—胡因夢　定價—250元

我們需要一種清晰明確的實修方式，幫助我們在眞實生命經驗中體證自己的身心。本書將引領你進入開闊的自性，體悟心中本有的祥和及解脫。

箭術與禪心
作者—奧根．海瑞格
譯者—魯宓　定價—180元

海瑞格教授爲了追求在哲學中無法得到的生命意義，遠渡重洋來到東方的日本學禪，他將這段透過箭術習禪的曲折學習經驗，生動地記錄下來，篇幅雖短，卻難能可貴地以文字傳達了不可描述的禪悟經驗。

耶穌也說禪
作者—梁兆康
譯者—張欣雲、胡因夢　定價—360元

本書作者試圖以「禪」來重新詮釋耶穌的教誨，在他的筆下，耶穌的日常生活、他所遇到的人以及他與神的關係，都彷彿栩栩如生地呈現在我們的眼前；頓時，福音與耶穌的話語成爲了一件件禪宗公案與思索的主題。

生命不再等待

作者—佩瑪・丘卓　審閱—鄭振煌
譯者—雷叔雲　定價—450元

本書以寂天菩薩所著的《入菩薩行》爲本，配以佩瑪・丘卓既現代又平易近人的文字風格；她引用經典、事例，沖刷掉現代生活的無明與不安；她也另外調製清新的配方，撫平現代人的各種困惑與需求。

當生命陷落時

【與逆境共處的智慧】

作者—佩瑪・丘卓
譯者—胡因夢、廖世德　定價—200元

生命陷落谷底，如何安頓身心、在逆境中尋得澄淨的智慧？本書是反思生命、當下立斷煩惱的經典作。

轉逆境爲喜悅

【與恐懼共處的智慧】

作者—佩瑪・丘卓
譯者—胡因夢　定價—230元

以女性特有的敏感度，將易流於籠統生硬的法教，化成了順手拈來的幽默譬喻，及心理動力過程的細膩剖析。她爲人們指出了當下立斷煩惱的中道實相觀，一條不找尋出口的解脫道。

不逃避的智慧

作者—佩瑪・丘卓
譯者—胡因夢　定價—250元

繼《當生命陷落時》、《轉逆境爲喜悅》、《與無常共處》之後，佩瑪再度以珍珠般的晶瑩語句，帶給你清新的勇氣，及超越一切困境的智慧。

無盡的療癒

【身心覺察的禪定練習】

作者—東杜仁波切
譯者—丁乃竺　定價—300元

繼《心靈神醫》後，作者在此書中再次以身心靈治療爲主、教授藏傳佛教中的禪定及觀想原則；任何人都可藉由此書習得用祥和心修身養性、增進身心健康的方法。

十七世大寶法王

作者—讓保羅・希柏　審閱—鄭振煌、劉俐
譯者—徐筱玥　定價—300元

在達賴喇嘛出走西藏四十年後，年輕的十七世大寶法王到達蘭薩拉去找他，準備要追隨他走上同一條精神大道，以智慧及慈悲來造福所有生靈。

大圓滿

作者—達賴喇嘛
譯者—丁乃竺　定價—320元

「大圓滿」是藏傳佛教中最高及最核心的究竟眞理。而達賴喇嘛則是藏傳佛教的最高領導，一位無與倫比的佛教上師。請看達賴喇嘛如何來詮釋和開示「大圓滿」的精義。

108問，與達賴喇嘛對話

作者—達賴喇嘛
對談人—費莉絲塔・蕭恩邦　定價—240元

作者以深厚的見解，介紹佛教哲理、藏傳佛教的傳承，及其對西方現代世界的重要性，對於關心性靈成長，以及想了解佛教和達賴喇嘛思想精華的讀者，這是一本絕佳的入門好書！

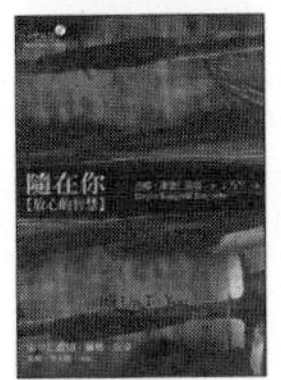

隨在你

作者—吉噶・康楚仁波切
譯者—丁乃竺　定價—240元

心就像一部電影，外在世界的林林總總和紛飛的念頭情緒，都是投射於其上的幻影。如果我們可以像看電影般地看待自己的生命，就可以放鬆心情，欣賞演出，看穿現象的流動本質，讓妄念自然來去。

當囚徒遇見佛陀

作者—圖丹・卻准
譯者—雷叔雲　定價—250元

多年來，卻准法師將佛法帶進美國各地重刑監獄。她認爲，佛陀是一流的情緒管理大師，可以幫助我們走出情緒的牢籠。

病床邊的溫柔

作者—范丹伯
譯者—石世明　定價—150元

本書捨棄生理或解剖的觀點，從病人受到病痛的打擊，生命必須面臨忽然的改變來談生病的人遭遇到的種種問題，並提出一些訪客箴言。

疾病的希望

【身心整合的療癒力量】

作者—托瓦爾特・德特雷福仁、
　　　呂迪格・達爾可
譯者—易之新　定價—360元

把疾病當成最親密誠實的朋友，與它對話——因爲身體提供了更廣的視角，讓我們從各種症狀的痛苦中學到自我療癒的人生功課。

迷惘與清明的纏綿糾葛，讓人渴盼清靈的暮鼓晨鐘
心靈的虔誠祈禱，智慧的凝練經句
或是淡淡點撥，或是重重棒喝
內在靈性已然洗滌清澈，超越自我

Holistic

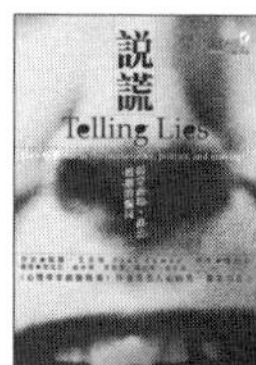

說謊

【揭穿商場、政治、婚姻的騙局】

作者—保羅·艾克曼
譯者—鄧伯宸　定價—300元

本書深入探討說謊的本質與破謊之道，分析一系列欺騙策略，從國際的政治謊言，到升斗小民的爾虞我詐。作者詳述肢體動作、聲音與臉部表情的特色以及這些線索如何洩露謊言。

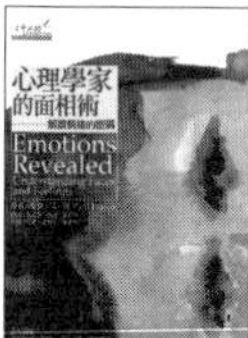

心理學家的面相術

【解讀情緒的密碼】

作者—保羅·艾克曼
譯者—易之新　定價—320元

你知道嗎？你的臉部表情可以高達一萬種以上！PIXAR動畫工作室的情緒表情顧問兼心理學家將帶領你走進「表情」的世界，展開一段迷人旅程。

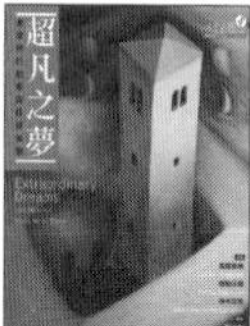

超凡之夢

【激發你的創意與超感知覺】

作者—克里普納、柏格莎朗、迪卡瓦荷
譯者—易之新　定價—300元

超凡之夢其實並不少見，我們只要用心回憶、記錄夢境，就可以開啓一個魔法劇場，裡面充滿令人驚異的夢中經驗。本書既有趣又具啓發性，爲讀者指出更遼闊的人類潛能之路。

發現台灣花精

【來自宇宙的百花訊息能量】

作者—陳祈明　定價—360元

花精是神奇的心靈解藥，它能化解情緒的困擾與病痛之苦，使人的身心靈趨於平衡。作者身爲台灣本土花精的研製者，他根據多年的臨床經驗，在本書中仔細說明花精究竟有何神奇之處。

花精與花魂

【崔玖談花精療癒力】

作者—崔玖、林少雯　定價—320元

作者以生動細膩之筆，呈現花精製作的原理和奧祕，搭配上她十五年來運用花精療法，累積了四千多位案例的臨床經驗，爲你指出花精療法、身心健康和靈性成長的整合之路。

Harmony

與無常共處

【108篇生活的智慧】

作者—佩瑪·丘卓
譯者—胡因夢　平裝本定價—250元

本書結集佩瑪·丘卓數本著作中的一百零八篇教誨，幫助我們在日常的挑戰中培養慈悲心和覺察力，深入探索友愛、禪定、正念、當下、放下，以及如何面對恐懼和各種痛苦的情緒。

生命的哲思

作者—葛瑞林
譯者—李淑珺　定價—250元

本書是英國著名哲人葛瑞林對人類日常生活的深思與反省。透過一篇篇短小精湛的文章，作者想傳達給我們的是，追求生命的意義與生命蘊含的寶藏，會使人獲得深刻的啓發與提升。

生命史學

作者—余德慧、李宗燁　定價—280元

時間賦予我們奇妙的感覺，使我們的生命產生某種氛圍，像薄薄的光暈籠罩著現在，也因此有了生命的厚重感。

生死無盡

作者—余德慧　定價—250元

童年記憶、安寧病房的老人、潛意識與夢境、卡繆小說、惠特曼詩歌、泰戈爾散文、佛學及禪學…，串連起中年余德慧對生死的看法。

神聖的愚者

作者—樋口和彥
譯者—戴偉傑　定價—220元

本書收錄十二篇觸動人心的講道內容，談婚姻、家庭與教養，談死亡、孤獨與傷痕，談志工、信仰、創造的喜悅，也談善意的暴力與陷阱。淺白語句中帶著令人回味的詩意，值得再三捧讀！

勇氣與自由

作者—楊蓓　定價—220元

台北大學社工系楊蓓教授以心理學專業訓練爲基礎，融合東方文化與禪修經驗的親身體悟，引領讀者走入情緒、穿越憤怒、認清逃避，學習接納生命永恆的不確定感，勇敢迎接未知，走向自由。